LES ITALIENS EN AFRIQUE

(1880-1896)

PAR

le Capitaine PELLENC

DE L'ÉTAT-MAJOR DE L'ARMÉE

Extrait de la **Revue militaire de l'Étranger**

PARIS
LIBRAIRIE MILITAIRE DE L. BAUDOIN
IMPRIMEUR-ÉDITEUR
30, Rue et Passage Dauphine, 30
—
1897

Tous droits réservés.

LES
ITALIENS EN AFRIQUE
(1880-1896)

PARIS. — IMPRIMERIE L. BAUDOIN, 2, RUE CHRISTINE.

LES
ITALIENS EN AFRIQUE

(1880-1896)

PAR

le Capitaine PELLENC
DE L'ÉTAT-MAJOR DE L'ARMÉE

Extrait de la **Revue militaire de l'Étranger.**

PARIS
LIBRAIRIE MILITAIRE DE L. BAUDOIN
IMPRIMEUR-ÉDITEUR
30, Rue et Passage Dauphine, 30

1897

Tous droits réservés.

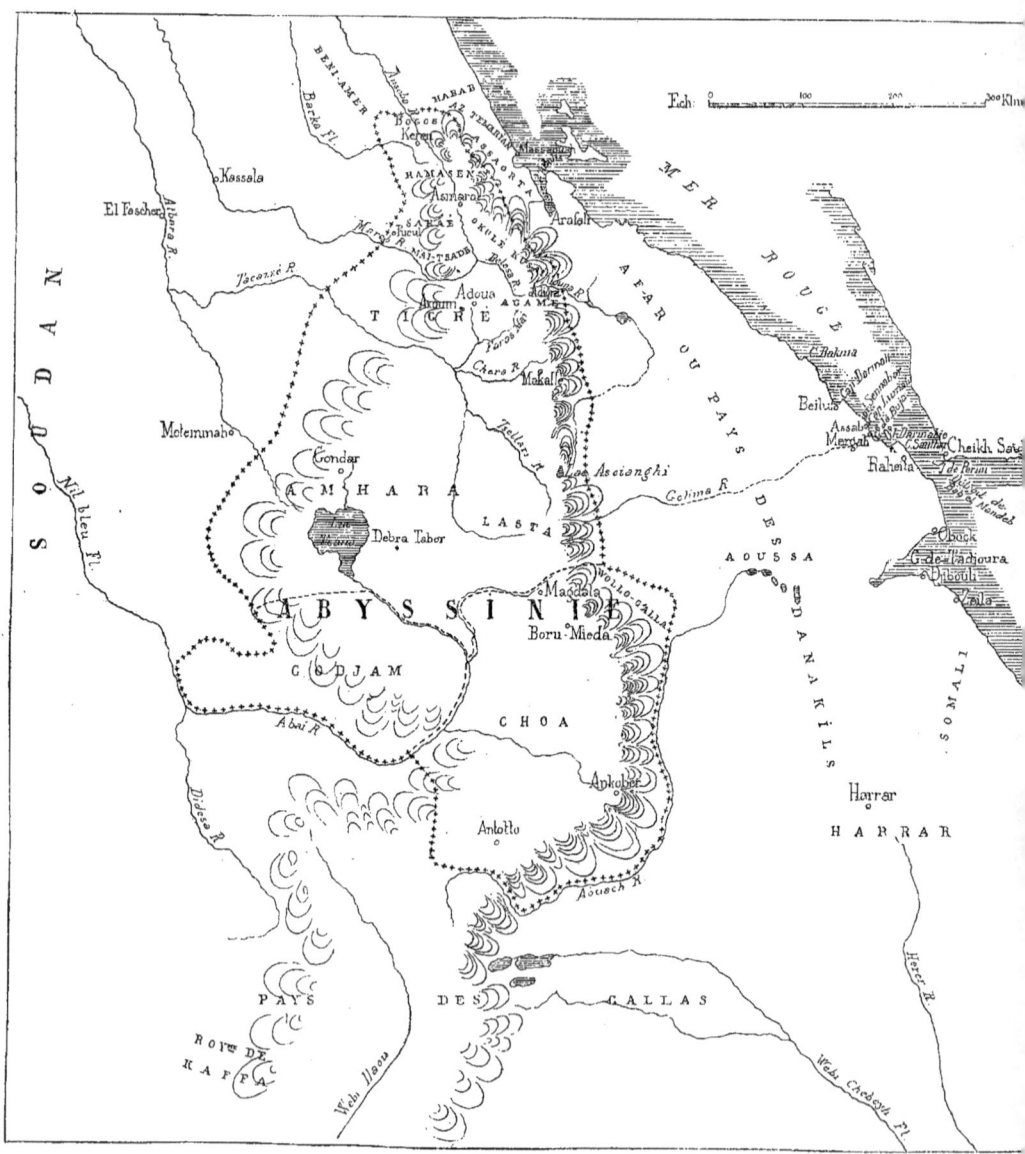

ABYSSINIE ET RÉGIONS LIMITROPHES

LES
ITALIENS EN AFRIQUE
(1885-1896.)

I

ORIGINES DE LA COLONIE.

Acquisition d'Assab. — Occupation de Massaouah. — Premiers rapports des Italiens avec le Négus d'Abyssinie. — Surprise de Dogali. — Expédition du général San Marzano. — Le Négus Johannès devant Saati. — Affaire de Saganeiti. — Annexion de Keren. — Mort du Négus Johannès. — Relations des Italiens avec Ménélik, roi du Choa.

Une guerre récente a attiré l'attention générale de l'Europe sur la portion du continent africain qui avoisine la mer Rouge.

L'Italie, qui avait pris pied il y a une quinzaine d'années sur ce sol brûlant et s'y était créé une colonie, vient de soutenir contre le grand empire d'Abyssinie une lutte des plus sérieuses, au cours de laquelle elle a rencontré chez les populations éthiopiennes une cohésion, une organisation et des qualités guerrières qui ont été une véritable révélation.

Le moment a paru opportun pour retracer d'une manière sommaire les principales phases de l'occupation italienne en Afrique, montrer l'expansion progressive de la colonie, exposer les origines lointaines du conflit avec l'Empereur Ménélik et, enfin, présenter un historique rapide de la dernière campagne, dont les noms d'Amba-Alagi, de Makallé et d'Adoua jalonnent le développement.

Acquisition d'Assab.

L'installation des Italiens sur les côtes de la mer Rouge remonte à l'époque où, avec le consentement du Gouvernement italien, le professeur Joseph Sapeto, missionnaire lazariste, acheta à Berehan, sultan de Raheita, l'île Darmakie, pour le compte de la Société générale de navigation Florio Rubattino (18 décembre 1869).

Dix ans plus tard, le 15 mars 1880, le professeur Sapeto signa avec Berehan et les sultans danakils de Mergab, Ibrahim et Hassan, un nouveau contrat d'acquisition par lequel il obtenait, pour le prix de 23,500 thalers de Marie-Thérèse (1), la cession de toutes les îles de la baie d'Assab, d'une bande de littoral, entre le golfe de Buja et le cap Santhar, de la côte entre le cap Lumah et le cap Darmah, sur une profondeur de 5 milles, et enfin de l'île Senna-Bar.

La société Rubattino utilisa ces territoires, avantageusement situés sur la route maritime des Indes, pour y installer des factoreries et un dépôt de charbon.

Cette prise de possession de la baie d'Assab donna lieu à un échange très actif de communications diplomatiques entre le cabinet de Rome et ceux du Caire et de Londres, qui prenaient intérêt à la question; mais les pourparlers n'avaient encore abouti à aucune entente précise lorsque, le 12 juin 1881, on apprit le massacre d'une mission italienne dans ces parages.

Le voyageur Giuletti, accompagné du lieutenant de vaisseau de la marine royale Biglieri et de quelques marins, était parti de Beilul pour explorer les routes

---

(1) Le thaler de Marie-Thérèse est la seule monnaie en circulation dans les régions africaines de la mer Rouge. Sa valeur nominale est de 4 fr. 50; mais, en raison des oscillations du change, son cours moyen varie de 3 fr. à 3 fr. 50.

qui, par l'Aoussa, mènent en Abyssinie. A six jours de marche de la côte, il avait été égorgé avec tous ses compagnons par les farouches populations danakils.

L'Italie, appuyée par l'Angleterre, invita aussitôt le Gouvernement khédivial, dont la domination nominale s'étendait sur cette région, à procéder à une enquête; mais celle-ci demeura sans résultat.

L'acquisition d'Assab, la tentative de Giuletti, l'insistance du Gouvernement italien pour obtenir de l'Angleterre la reconnaissance de sa souveraineté sur ce coin de terre africaine, révélaient clairement, de la part de l'Italie, le dessein d'établir à Assab une base d'opérations commerciales avec le Harrar et le Choa.

Le Gouvernement égyptien, de son côté, voyait avec déplaisir une nation européenne s'installer sur les côtes de la mer Rouge, parce qu'il redoutait l'introduction d'armes chez les Abyssins contre lesquels il pouvait avoir un jour à soutenir de nouvelles luttes; aussi menaça-t-il de faire débarquer des troupes à Raheita, mais ses protestations restèrent sans effet et même, le 20 septembre 1881, le cabinet de Rome stipula une convention avec Berehan, par laquelle ce sultan s'engageait à ne céder aucune partie de son territoire à d'autres nations.

Le 28 février 1882, l'Angleterre reconnut la souveraineté de l'Italie sur la baie d'Assab et prit acte de ses traités avec le sultan de Raheita; l'accord survenu entre ces deux puissances maintenait les droits de la Turquie et de l'Égypte sur le reste de la côte occidentale de la mer Rouge.

Le 10 mars de la même année, la société Rubattino céda au domaine italien la propriété privée de ses territoires africains et, le 5 juillet, le Parlement sanctionna par une loi la création de la colonie italienne d'Assab.

Sur ces entrefaites survinrent, en Égypte, de graves événements qui amenèrent l'Angleterre à intervenir dans ce pays les armes à la main. L'occupation anglaise se produisit en même temps que la révolte des provinces égyptiennes du Soudan, où les Mahdistes cernèrent Khartoum et Kassala.

Bien que les Abyssins ne fussent pas en excellents rapports avec les Égyptiens, l'Angleterre songea à les charger du soin de dégager les garnisons égyptiennes des places investies et, dans ce but, envoya au Négus Johannès, alors Empereur d'Abyssinie, l'amiral Hewet, qui parvint à conclure un traité entre la Grande-Bretagne, l'Égypte et l'Abyssinie (3 juin 1884), établissant notamment :

1° Le libre transit par Massaouah, de toutes les marchandises, y compris les armes et les munitions ;

2° La cession définitive au Négus du pays des Bogos, depuis longtemps l'objet de litiges entre l'Égypte et l'Abyssinie ;

3° La délivrance, par le Négus, de Kassala et des autres places soudanaises, bloquées par les Derviches, ainsi que la protection de la retraite de leurs garnisons sur Massaouah ;

4° L'engagement, pour le Négus et le Khédive, de soumettre à S. M. britannique tout différend relatif à l'exécution de ce traité.

Le cabinet de Londres aurait désiré s'adjoindre la coopération de l'Italie pour occuper le Soudan ; mais cette puissance ne répondit pas tout d'abord aux avances qui lui furent faites à ce sujet. Néanmoins, le Foreing Office fit savoir au Gouvernement italien qu'il le verrait volontiers s'étendre sur les côtes de la mer Rouge.

Précisément, vers cette même époque, arrivait en Europe la nouvelle du massacre d'une seconde mission italienne.

Vers le milieu de l'année 1883, le chevalier G. Branchi, consul d'Italie à Assab, et le voyageur Gustave Bianchi, délégué de la Société de géographie de Rome, s'étaient rendus à Debra Tabor, auprès du Négus Johannès, au quel ils apportaient des présents et le grand cordon de la Couronne d'Italie.

A la fin de 1883, Gustave Bianchi était allé également conférer à Taclé Aimanot, roi du Godjam, les insignes du même ordre, puis il était revenu négocier, avec l'Empereur d'Abyssinie, l'ouverture d'une voie directe du Tigré à Assab.

Après avoir obtenu avec beaucoup de difficultés l'autorisation de reconnaître cette route, il était parti de Makallé le 24 avril 1884; mais le Négus ayant acquis, comme on vient de le voir, par le traité du 3 juin 1884, un débouché sur la mer Rouge, s'était par suite désintéressé de la tentative de Bianchi. Livrée à elle-même et sans appui, la petite expédition qui retournait sur Assab, à travers le pays des Danakils, fut massacrée à 150 kilomètres au delà de la frontière abyssine.

A la suite de ce nouvel attentat, le cabinet de Rome déclara hautement son intention de ne pas laisser porter atteinte à l'honneur du nom italien et décida, en conséquence, l'envoi à Assab d'un petit corps de troupes.

Pendant qu'un millier d'hommes de différentes armes partaient de Naples sous les ordres du colonel Saletta, le navire royal *Castelfidardo* arrivait, le 25 janvier 1885, devant Beilul, débarquait une centaine de marins et deux canons, et son commandant prenait possession de cette localité au nom du roi d'Italie. Les Égyptiens qui formaient la garnison du poste furent désarmés et embarqués sans difficulté pour Massaouah.

Occupation de Massaouah.

Le 5 février, la petite expédition du colonel Saletta, dont la destination avouée était Assab, s'arrêta à Massaouah qu'elle occupa malgré la présence d'une garnison égyptienne. Sans tenir compte des protestations formulées par le vice-gouverneur Izzet-Bey, au nom de son gouvernement, le pavillon italien fut arboré à côté de celui de l'Égypte, à Massaouah, sur le fort de Ras Mudur, à Taulud, Campo Gherar, Otumlo et Monkullo.

Cette prise de possession fut notifiée aux différents cabinets européens, qui pour la plupart l'accueillirent sans faire d'observations ; la Russie pourtant refusa d'en donner acte et la France fit des réserves.

Les motifs qui avaient déterminé l'Italie à s'installer à Massaouah sont exposés dans le « Mémoire sur l'organisation politique et administrative et sur les conditions économiques de Massaouah », présenté à la Chambre des députés d'Italie, dans la séance du 30 juin 1886, par le Ministre des Affaires étrangères, M. de Robilant.

La partie de ce document officiel relative à cette question est la suivante :

« Au commencement de 1885, l'insurrection du Mahdi
« s'étendait de plus en plus et le fanatisme musulman
« se réveillait sur la côte orientale d'Afrique. De toutes
« parts surgissaient des périls devant lesquels ne pou-
« vait rester indifférente une puissance qui, comme
« l'Italie, possède une colonie sur la mer Rouge. D'autre
« part, le Khédive avait déclaré au Sultan qu'il se trou-
« vait dans la nécessité d'abandonner Massaouah, comme
« il avait déjà abandonné d'autres points plus méridio-
« naux. De son côté le Sultan, malgré cette déclaration,
« ne semblait pas disposé à se charger de l'occupation.
« Un des ports principaux de la mer Rouge, sinon le
« premier de tous, le débouché naturel de l'Abyssinie et
« et d'une grande partie du Soudan oriental, courait le
« danger d'être abandonné à l'anarchie, livré aux enva-
« hissements toujours croissants des Abyssins, ou enfin
« d'être occupé par une tierce puissance, qui se serait
« ainsi assuré une position prédominante dans la mer
« Rouge. C'est une loi historique que l'Afrique, comme
« une citadelle assiégée par la civilisation, avec ses deux
« cents millions d'habitants divisés en groupes innom-

« brables, inconnus les uns aux autres, est fatalement
« condamnée à ouvrir ses portes aux étrangers. On com-
« prend donc que les États européens aient rivalisé entre
« eux pour s'établir sur le littoral africain.

« Au moment où l'Europe paraît prise d'une fièvre de
« colonisation, le Gouvernement italien, qui avait déjà
« un pied sur la côte de la mer Rouge, placé dans l'al-
« ternative ou d'aller à Massaouah ou de voir une autre
« nation s'y installer, a préféré prendre lui-même pos-
« session de ce port. »

Pendant que les Italiens débarquaient leurs premières troupes à Massaouah, l'insurrection mahdiste triomphait sur le Nil : Khartoum venait de tomber entre les mains des Derviches et Gordon avait été massacré (26 janvier 1885). Le Gouvernement anglais se décida alors à abandonner le Soudan.

Par suite de cette circonstance, l'intervention de l'Italie dans la mer Rouge ne pouvait plus se combiner avec l'action de l'Angleterre. Mais la prise de possession de Massaouah était un fait accompli, et le Gouvernement italien se trouva désormais engagé dans une politique d'expansion coloniale qui devait lui coûter d'énormes sacrifices en hommes et en argent.

En étendant son domaine sur le continent africain, l'Italie allait rencontrer successivement devant elle les populations de races différentes qui se partagent la région éthiopienne :

Autour d'Assab, les peuplades indépendantes et fétichistes des Danakils ;

Aux environs de Massaouah, les tribus musulmanes, nominalement tributaires de l'Égypte ;

Puis, plus avant dans l'intérieur des terres, les Abyssins, groupés en un vaste empire chrétien dont l'Hamasen et le pays des Bogos formaient, vers le Nord, les marches avancées ;

Enfin, dans la direction de Kassala, les hordes des

Derviches, partisans du Mahdi, qui venaient de secouer le joug de l'Égypte et occupaient en maîtres le Soudan.

Le premier établissement des Italiens dans la mer Rouge, qui avait eu lieu à Assab sur des territoires cédés par les sultans de la côte, n'était pas susceptible de prendre une grande extension, malgré les nombreux traités passés avec l'Anfari de l'Aoussa (1). Toute la région, désignée sous le nom général de pays des Afar, est en effet une terre inhospitalière; accidentée et désolée, elle est parcourue par les bandes nomades des sanguinaires Danakils; aussi les routes de pénétration par l'Aoussa ne furent-elles jamais ni faciles ni sûres.

Massaouah présentait, au contraire, comme base d'opérations, de sérieux avantages; en mettant la main sur ce port, le plus important de toute la mer Rouge, les Italiens prenaient position au débouché des grandes voies de communication avec le Soudan et l'Abyssinie et étaient ainsi à même, soit d'agir offensivement dans l'une ou l'autre de ces directions, soit d'interdire tout commerce avec l'intérieur. Leur installation fut facilitée par la situation dans laquelle se trouvait l'Égypte : le Gouvernement khédivial n'étant en mesure ni de faire respecter ses possessions de la côte, ni d'exercer d'une manière effective sa suzeraineté sur les pays limitrophes, la substitution des pouvoirs se fit sans résistance, et les tribus du littoral telles que les Habab, les Assaortains, les Beni-Amer se montrèrent bientôt disposées à accepter la tutelle de l'Italie.

L'extension de la zone d'influence de l'Italie dans l'hinterland de Massaouah devait fatalement la mettre en contact avec l'Abyssinie. Cette contrée, dont la superficie égale les cinq sixièmes de celle de la France, est habitée

---

(1) L'Anfari ou sultan de l'Aoussa est le chef de toutes les tribus danakils qui habitent le pays des Afar.

par une population d'environ 10,000,000 d'âmes, d'origine sémitique, mais chrétienne depuis quinze siècles.

Isolée comme en une citadelle naturelle dans le massif de hautes montagnes qui sépare le Nil de la mer Rouge, la nation éthiopienne, défendant ses croyances et ses traditions, a su jusqu'à ce jour résister aux assauts de l'islamisme, qui l'environne de toutes parts ; mais, en raison de son organisation féodale, ce grand empire a longtemps manqué d'unité. Coalisés lorsqu'il s'agissait de repousser l'ennemi de l'extérieur, les chefs des États confédérés étaient souvent en lutte les uns contre les autres ou conspiraient même contre leur souverain, le Négus Neghesti (roi des rois).

En tirant parti de ces rivalités, l'Angleterre, pour dégager quelques-uns de ses nationaux, que l'Empereur Théodoros retenait arbitrairement en captivité, avait pu, en 1868, pénétrer jusqu'à Magdala, au cœur même de l'Abyssinie. Mais, son but à peine atteint, elle s'était hâtée de retirer jusqu'à son dernier soldat de cette région impraticable, hérissée de pics et semée de précipices, véritable Suisse africaine habitée par un peuple guerrier dont l'attitude martiale avait vivement impressionné les chefs de la colonne anglaise. Les difficultés de cette expédition, à laquelle l'Angleterre n'avait pas hésité à consacrer un demi-milliard, avaient été, pour cette nation pratique et experte en matière de colonisation, un enseignement précieux qu'elle ne crut pas avoir payé trop cher : elle avait acquis la conviction que tenter la conquête de l'Abyssinie était une entreprise ardue, aux résultats des plus problématiques.

Après la mort de Théodoros, qui s'était suicidé au moment où, abandonné des siens, il était acculé par les Anglais dans son dernier retranchement, l'Abyssinie se trouva livrée à l'anarchie la plus complète.

Les royaumes qui constituent l'empire d'Éthiopie, le Tigré, l'Amhara, le Choa et le Godjam, ne se groupèrent pas immédiatement sous l'autorité d'un nouvel empereur, mais restèrent divisés par suite des compétitions de leurs chefs.

Kassa, roi du Tigré, parvint pourtant, en 1871, à vaincre son principal rival Teglé Giorghis, roi de l'Amhara, et à monter sur le trône impérial. Il prit à cette époque le nom de Johannès (ou Jean).

A la faveur de cette désorganisation momentanée de l'Abyssinie, les Égyptiens avaient conquis le pays des Bogos et le port de Massaouah. Mais, dès que l'Empereur Johannès fut au pouvoir, il résista vigoureusement à l'invasion égyptienne qui menaçait l'Hamasen et réussit à anéantir, à Gundet et à Gura (1875 et 1876), les armées du Khédive, qui opéraient contre lui.

Profitant de l'inaction du Gouvernement égyptien, et de l'insurrection qui retenait dans le Soudan les Derviches, ennemis traditionnels des Abyssins, le Négus réoccupa en 1883 la ville de Keren, capitale des Bogos, et réclama la restitution de Massaouah. Le traité de 1884, conclu par les soins de l'amiral Hewet, lui avait donné en grande partie satisfaction. Aussi son irritation fut-elle grande quand il vit une puissance européenne occuper Massaouah et fermer ainsi le seul débouché maritime de ses États.

Premiers rapports des Italiens avec le Négus d'Abyssinie.

Dès que les troupes italiennes eurent débarqué à Massaouah, le roi Humbert écrivit au Négus Johannès pour lui annoncer la prise de possession de ce port; dans sa lettre, il lui garantissait le maintien des avantages que la Grande-Bretagne et l'Égypte avaient accordés à l'Abyssinie par le traité du 3 juin 1884, et manifestait le désir d'entretenir avec lui des rapports d'amitié et de bon voisinage; enfin, il lui faisait connaître son intention d'envoyer auprès de lui une mission officielle, chargée de conclure de nouvelles conventions entre les deux États.

Ces déclarations furent loin de rassurer le roi Johannès. Son mécontentement s'accrut encore quand il apprit l'occupation d'Arafali et d'Archiko, puis celle de Saati (avril 1885). L'arrivée dans cette dernière localité des irréguliers à la solde de l'Italie l'indisposa particulièrement ; car, depuis les sanglantes défaites infligées par lui aux Égyptiens, ceux-ci avaient renoncé de fait au territoire de Saati, et le Négus le considérait comme neutralisé.

Tout en cherchant, par des protestations pacifiques, à calmer les inquiétudes de Johannès et à se concilier les bonnes grâces de leur plus proche voisin, le ras (1) Aloula, gouverneur de l'Hamasen, qui d'ailleurs partageait les appréhensions de son souverain, les Italiens s'occupaient activement de l'organisation de leur colonie. Pour rendre plus sûre la marche des caravanes, ils établissaient des postes de surveillance aux débouchés des routes venant d'Abyssinie et du pays des Bogos. D'autre part, afin d'étendre davantage leur zone d'influence, ils acceptaient les offres de soumission des tribus limitrophes, concluant par exemple, le 7 octobre, un accord avec Hamed, kantibai (chef) des Habab, en vertu duquel ceux-ci se rangeaient sous le protectorat de l'Italie.

La juxtaposition des troupes italiennes et égyptiennes se prolongea jusque vers la fin de l'année 1885. A cette époque, le commandement des forces de terre et de mer et la direction des services civils en Afrique furent réunis entre les mains d'un seul chef.

Investi de cette charge, le major général Gené, en arrivant, le 2 décembre, à Massaouah, fit amener le pavillon égyptien et rapatrier les troupes du Khédive ; presque tous les Bachi-Bouzoucks (irréguliers) restèrent au service de l'Italie.

---

(1) Le titre de *ras* correspond à celui de général en chef.

Au début de l'année 1886, le Gouvernement italien se décida à envoyer auprès du roi Johannès la mission solennelle annoncée par la lettre du roi Humbert. Son chef, le général Pozzolini, débarqua le 23 janvier à Massaouah, accompagné d'un officier anglais qui portait au Négus une lettre de la reine Victoria. Pour préparer les voies, le général Pozzolini se fit précéder par le docteur Nerazzini qui se rendit d'abord auprès du ras Aloula; ce chef abyssin se montra très bien disposé à l'égard des envoyés italiens et annonça que le Négus les attendait à Boru-Mieda ; mais en raison de l'éloignement du lieu de rendez-vous, qui se trouvait à plus de cinquante journées de marche, et de certains symptômes qui firent suspecter les intentions du ras Aloula et du Négus Johannès, la mission reçut l'ordre de rentrer en Italie.

Cependant, la sécurité des territoires situés à proximité des possessions italiennes continuait, comme par le passé, à être troublée par des actes de brigandage et par des incursions de guerriers abyssins. Malgré leur escorte d'irréguliers, les caravanes étaient souvent attaquées : la rencontre du 1er septembre avec la bande du proscrit abyssin Debeb fut, entre autres, particulièrement meurtrière.

De son côté, le ras Aloula, avec les faibles subsides du roi Johannès et les ressources restreintes de la région improductive de l'Hamasen, ne parvenait pas à entretenir l'armée qui lui était nécessaire pour défendre ce pays de confins entouré d'adversaires : les Mahdistes à l'Ouest, les Habab au Nord, les Assaortains à l'Est; aussi recourait-il habituellement aux razzias des tribus voisines et au pillage des caravanes pour se procurer des approvisionnements. C'est ainsi qu'au mois d'août, il saccagea le pays des Habab.

Cet état de choses détermina le général Gené à renforcer les postes de surveillance.

Les six buluks (1) de Bachi-Bouzoucks qui avaient été placés à Zula, à la suite de la dernière tentative du bandit Debeb, furent poussés jusqu'à Ua-a, localité recherchée des caravanes à cause de l'eau qui se trouve en abondance dans le voisinage ; le poste de Saati reçut de son côté une garnison plus nombreuse.

Surprise de Dogali.

Au début de 1887, la situation ne s'était pas améliorée : l'exilé Debeb infestait toujours le pays, et le ras Aloula, qui venait de razzier le territoire des Bogos, élevait la prétention d'obliger les caravanes à passer par Ghinda afin de prélever à son profit le tribut qu'elles payaient comme droit de douane.

Sur ces entrefaites, le bruit s'étant répandu que le gouverneur de l'Hamasen allait attaquer Ua-a et razzier tout le pays environnant, les Bachi-Bouzoucks détachés dans ce village furent renforcés et des mesures défensives furent prises dans les autres localités au pouvoir des Italiens.

Le 10 janvier, en effet, le ras Aloula fit faire des représentations au général Gené, à propos de l'occupation de Ua-a ; mais le commandant supérieur italien lui répondit que ce poste était destiné uniquement à garantir la sécurité du pays, et à faciliter les échanges commerciaux entre Massaouah et l'Abyssinie.

Ces raisons ne convainquirent pas le lieutenant du Négus ; il fit enchaîner les membres d'une mission italienne dirigée par le comte Salimbeni, qui se trouvait sur son territoire, et, se transportant à Ghinda, y renouvela ses réclamations : évacuation de Ua-a, obligation pour les caravanes de passer à Ghinda, au lieu de

---

(1) Le buluk est un peloton de 25 hommes.

suivre la vallée du Haddas ou la route du pays des Habab.

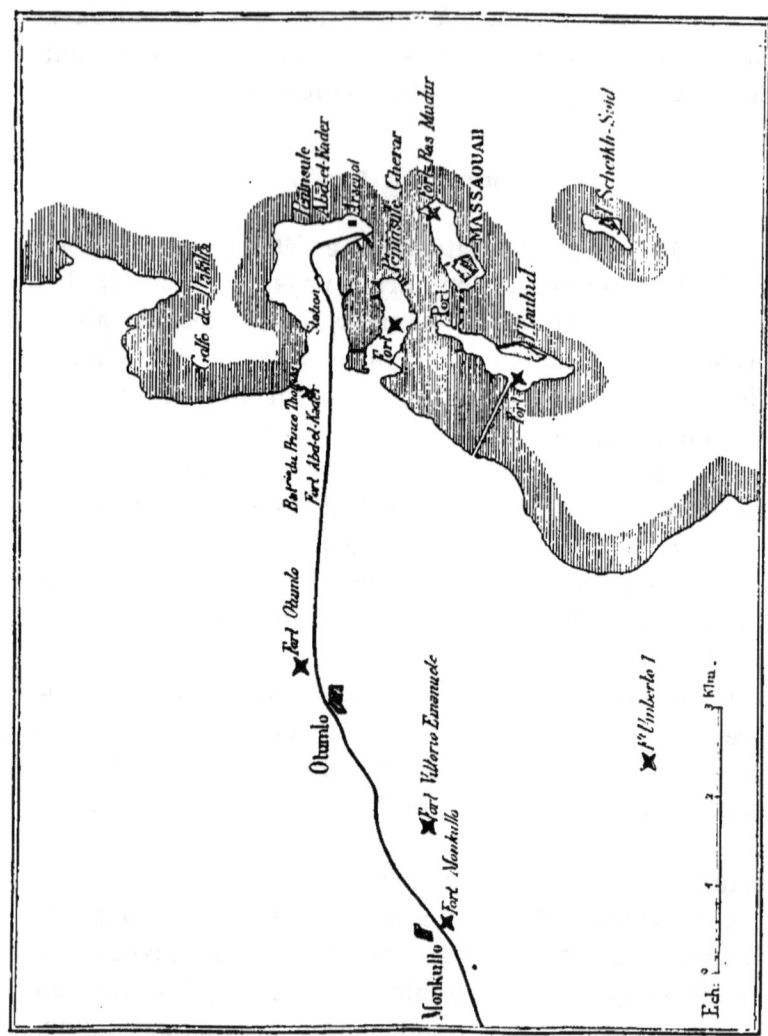

Environs de Massaouah.

Le général Gené répondit en envoyant, le 14 janvier, à Saati un détachement de troupes blanches sous les ordres du major Boretti, comprenant : 2 compagnies d'infanterie, une section d'artillerie de montagne et 150 irréguliers.

Les dispositions prises par les Italiens produisirent un certain enthousiasme chez les populations indigènes : le barambaras (1) Kafel, transfuge abyssin, vint avec sa bande se mettre à la disposition du commandant supérieur italien ; le bandit Debeb lui offrit également ses services.

Pendant ce temps, le ras Aloula avait quitté Ghinda et était venu avec 10,000 hommes environ camper au Sud-Est de Saati. Le 25 janvier, il attaqua le fortin défendu par le major Boretti et fut repoussé après trois heures de combat ; mais le lendemain, avec toutes ses forces, il réussit à surprendre et à cerner, près de Dogali, une colonne aux ordres du lieutenant-colonel de Cristoforis, composée de 3 compagnies d'infanterie, 2 buluks d'irréguliers et 1 section d'artillerie, envoyée de Monkullo pour renforcer et réapprovisionner Saati. Après plusieurs heures de combat, le détachement italien fut complètement écrasé : 23 officiers, 407 hommes de troupes furent tués sur le champ de bataille ; 1 officier et 81 hommes, laissés pour morts, échappèrent seuls au massacre. Les cadavres furent trouvés couchés les uns à côté des autres comme s'ils eussent été alignés.

A la nouvelle de ce désastre, le général Gené fit rentrer précipitamment les garnisons de Ua-a, de Saati et d'Arafali ; la défense de la région située entre Massaouah et le plateau fut par suite abandonnée et l'occupation limitée aux points de Massaouah, Taulud, Gherar, Abd-el-Kader, Otumlo, Monkullo et Archiko.

En Italie, le Parlement vota d'urgence 5 millions pour expédier des renforts en Afrique, et l'on décida l'établissement d'un câble sous-marin reliant Massaouah

---

(1) Chef de forteresse.

et Assab à la station anglaise de Périm, de manière à assurer les communications télégraphiques avec l'Italie.

Dans le courant de février et de mars, la Société générale de navigation transporta de Naples à Massaouah :

> 2 bataillons d'infanterie (à l'effectif de 24 officiers, 620 hommes chacun);
> 1 bataillon d'alpins à 3 compagnies;
> 2 sections d'artillerie de montagne;
> 1 détachement d'artillerie de forteresse;
> 1 détachement des services administratifs;
> Soit en tout 2,100 hommes.

4,000 fusils Wetterli avec de nombreux approvisionnements furent également expédiés en Afrique, ainsi que 32 pièces d'artillerie destinées à remplacer le matériel égyptien (1) insuffisant pour l'armement des forts.

Par décret du 17 avril 1887, le général Saletta, qui avait commandé la première expédition envoyée en 1885 à Massaouah, fut appelé au commandement supérieur de la colonie, en remplacement du général Gené.

En même temps, un caractère exclusivement militaire fut donné à l'organisation de tous les services : le territoire de Massaouah fut déclaré en état de guerre, et un décret du 15 avril 1887 rattacha au ministère de la guerre toutes les questions concernant les affaires d'Afrique.

A peine débarqué, le général Saletta fit proclamer l'état de siège à Massaouah, et, afin d'interdire tout commerce avec l'Abyssinie, organiser le blocus de la côte par l'escadre italienne de la mer Rouge.

Ces mesures de rigueur ne furent pas mal accueillies par les tribus limitrophes, qui assistèrent avec plaisir aux

---

(1) Lors du rapatriement des troupes égyptiennes, 52 bouches à feu de divers calibres, qui se trouvaient dans les forts, étaient passées aux mains des Italiens.

préparatifs de la lutte contre l'Abyssinie, dont elles avaient toutes plus ou moins à se plaindre. Le général Saletta put par suite établir des conventions avec les Assaortains, les Habab et les Az-Temarian. Il accepta en outre les offres de soumission des proscrits abyssins, le fitatauri (1) Debeb et le barambaras Kafel.

Depuis la rupture des relations avec l'Abyssinie, les travaux de fortification avaient été poussés avec activité; le nouveau Gouverneur les fit compléter. Les troupes furent pourvues de 400 mètres de parapets métalliques à l'épreuve des balles, décomposables et transportables à dos de chameaux, avec lesquels on pouvait construire en très peu de temps de petits ouvrages. Tous les forts furent reliés entre eux et avec le commandement par un chemin de fer Decauville et une ligne télégraphique. On installa des postes optiques à Archiko ainsi qu'à Massaouah, et l'on plaça dans les forts des projecteurs à miroir avec appareils photo-électriques pour en éclairer les abords en cas d'attaque nocturne. Les troupes furent dotées d'un parc aérostatique. On mit à l'étude un projet de voie ferrée, à écartement de $0^m,95$, entre Massaouah et Saati. Les magasins reçurent un aménagement meilleur : des mesures furent prises pour assurer le service de l'eau et de la glace. Enfin on améliora les moyens de débarquement en construisant le môle de la péninsule d'Abd-el-Kader et un débarcadère à Archiko.

Expédition du général San Marzano. — Le Négus Johannès devant Saati.

En Italie, le Gouvernement, qui projetait pour l'automne de 1887 une action militaire contre l'Abyssinie, s'était fait accorder, le 10 juillet, par le Parlement, un crédit de 20 millions. Dès cette époque, on procéda sans

---

(1) Général d'avant-garde.

retard à la constitution d'importants approvisionnements et à l'organisation d'un corps expéditionnaire.

La saison propice étant arrivée, on embarqua à Naples les troupes qui devaient entreprendre les opérations dont le but principal était la réoccupation de Saati et de Ua-a.

Le lieutenant général di San Marzano, débarqué le 8 novembre à Massaouah, prit le commandement en chef, pendant que le général Saletta restait chargé de la défense du camp retranché.

Au commencement de novembre, avant l'arrivée des renforts, il y avait à Massaouah :

    8 bataillons d'infanterie ;
    1 escadron de cavalerie ;
    2 sections d'artillerie de montagne ;
    3 compagnies d'artillerie de forteresse ;
    3 compagnies du génie,
    Et, en outre, 2,000 irréguliers indigènes.

La garnison d'Assab se composait d'un bataillon d'infanterie.

Les troupes expédiées d'Italie partirent de Naples en quatre échelons dont le dernier arriva à Massaouah le 30 novembre ; elles comprenaient :

Le corps spécial d'Afrique.
- 6 bataillons ;
- 1 escadron ;
- 4 compagnies de canonniers ;
- 1 compagnie du génie.

La brigade de renfort.....
- 8 bataillons ;
- 2 batteries ;
- 2 compagnies du génie.

Le corps expéditionnaire fut alors organisé en quatre brigades (généraux Gené, Cagni, Baldissera, Lanza) ; les deux premières étaient constituées par les troupes qui se trouvaient déjà à Massaouah ; la troisième, par le corps spécial ; la quatrième, par la brigade de renfort.

L'effectif des troupes s'élevait au total de 710 officiers, 17,600 hommes, non compris 2,000 irréguliers.

L'artillerie comptait 98 canons des divers calibres adoptés dans l'armée italienne, y compris les pièces en position sur les forts, un certain nombre de pièces du modèle égyptien et enfin les bouches à feu de l'escadre de la mer Rouge.

On disposait de 1000 mulets envoyés d'Italie, de 200 petits mulets abyssins et de 1800 chameaux.

Pour recevoir les troupes, on avait installé deux camps dans le voisinage d'Otumlo et un dans la péninsule d'Abd-el-Kader.

L'Angleterre voyait avec regret l'Italie et l'Abyssinie s'engager dans une lutte dont les conséquences étaient de laisser le champ libre aux Derviches qui infestaient les environs de Souakim et la haute vallée du Nil. Elle fit une dernière tentative d'accommodement. Le 29 octobre, des envoyés anglais, sir Gerald Portal et le major Beech, débarquèrent à Massaouah et partirent aussitôt pour l'intérieur du pays, porteurs de propositions de médiation. Ils rejoignirent le Négus au lac Ascianghi, mais ne purent rien en obtenir; ils prirent le chemin du retour et arrivèrent à Massaouah le 25 décembre 1887, rapportant la nouvelle que des masses importantes de troupes, concentrées dans les camps de Faras-Mai et d'Adoua, venaient de se mettre en marche sous les ordres du Négus vers l'Asmara.

A cette époque, le corps d'opérations était prêt à entrer en campagne ; toutefois le chemin de fer de Massaouah à Saati, par suite des difficultés provenant de la construction des ponts, n'était pas terminé; il fallait encore un mois de travail avant qu'on pût atteindre la combe de Dogali, d'où les bêtes de somme seraient en mesure d'effectuer, en vingt-quatre heures, le double voyage de Saati pour réapprovisionner ce poste, lorsqu'on annonça l'approche du Négus. On réunit alors tous les chariots disponibles à Massaouah pour en former un parc et l'on rendit carrossable la route jusqu'à Saati. Le travail fut achevé le 1ᵉʳ février 1888 et Saati réoccupé sans coup férir.

Les troupes, en y arrivant, se trouvèrent dans une région abandonnée ; tous les villages, à plusieurs lieues à la ronde, avaient été évacués et les habitants s'étaient réfugiés à Massaouah avec leurs troupeaux. La petite armée italienne dut rester sur place, dans une longue et pénible expectative, attendant pendant près de deux mois l'arrivée des Abyssins, qui se massaient sur le plateau au nombre de 100,000 environ.

Durant cette période, on fortifia le nouveau poste, on dirigea des reconnaissances jusqu'à Agametta et Sabarguma, et l'on poussa la voie ferrée jusqu'à Saati. Ce travail venait d'être terminé lorsque la présence du Négus fut signalée vers Ailet et Sabarguma.

Après avoir établi à 5 ou 6 kilomètres des Italiens son camp dont le développement ne mesurait pas moins de 10 kilomètres de large, l'Empereur Johannès entama, le 26 mars, des négociations avec le général San Marzano. Il se plaignait de la non-observation par les Italiens des clauses du traité Hewet et réclamait la restitution des territoires ne dépendant pas de Massaouah. Le commandant supérieur italien répondit en lui faisant connaître, au nom de son gouvernement, qu'il ne pouvait traiter de la paix qu'aux conditions suivantes :

1° Reconnaissance du protectorat italien sur les Habab et les Assaortains ;

2° Annexion de Ua-a et de Saati avec une bande de terrain, au delà de ces localités, de la largeur d'une journée de marche. Ghinda serait ville frontière de l'Abyssinie et la vallée d'Ailet serait comprise dans le domaine de l'Italie ou tout au moins placée sous son protectorat ;

3° Conclusion, en conséquence de ces deux articles,

d'un traité d'amitié et de commerce entre l'Italie et l'Abyssinie.

Le roi Johannès refusa de souscrire à un accord sur de

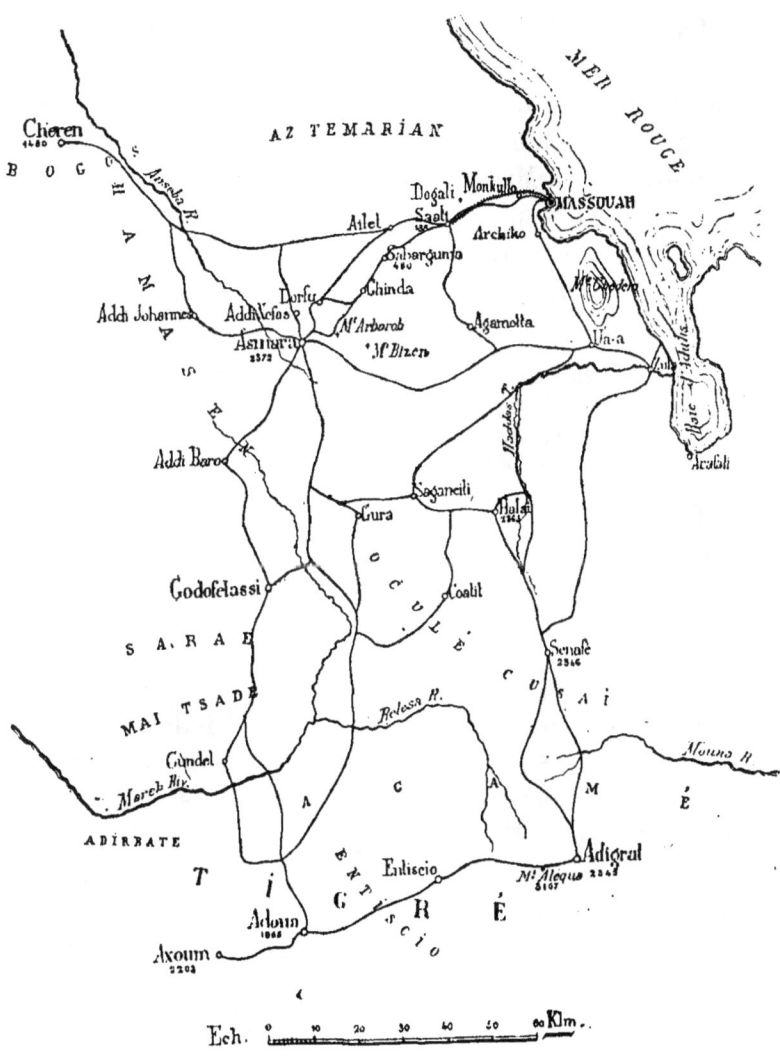

telles bases et rompit les négociations. Une action par les armes semblait imminente, lorsque l'armée du Négus disparut à l'improviste, sans avoir fait même un simulacre d'attaque. Dans la nuit du 2 au 3 avril, elle s'était écoulée tout entière dans la direction de Ghinda, précédée par les contingents du ras Aloula. Les Italiens ne firent pas de poursuite.

La retraite des Abyssins mit fin à la campagne, et, du 13 avril au 14 mai, on rapatria les troupes qui n'étaient pas nécessaires pour les occupations projetées : 500 officiers, 11,000 hommes, 1400 quadrupèdes furent ainsi réembarqués à Massaouah. Outre le corps spécial d'Afrique, dont l'organisation primitive fut légèrement modifiée, il resta encore dans la colonie : 1 bataillon de bersagliers, 1 compagnie d'artillerie, 3 compagnies du génie. Le poste de Saati reçut comme garnison :

- 1 bataillon de chasseurs;
- 1 compagnie d'artillerie;
- 1 compagnie du génie;
- 1 *buluk* d'irréguliers.

Le blocus de la côte fut maintenu comme précédemment.

Affaire de Saganeiti. — Annexion de Keren.

Après le départ du général San Marzano, le commandement supérieur fut confié au général Baldissera.

Le premier soin du nouveau Gouverneur fut d'établir une série de postes fortifiés sur la ligne Massaouah—Saati pour en assurer l'occupation; il procéda ensuite à l'organisation des contingents irréguliers et à la réforme des services publics de la colonie.

Continuant la politique d'expansion de ses prédécesseurs, il fit arborer, le 4 août 1888, le pavillon italien à Zula, petit village de la baie d'Adulis, et proclamer le protectorat italien sur toute la contrée environnante.

Les seuls événements importants qui caractérisent la fin de l'année 1888 sont l'affaire de Saganeiti et l'occution de Keren.

Le proscrit Debeb, abandonnant au mois de mars le service de l'Italie, avait fait défection avec sa bande et s'était présenté au Négus, qui lui avait pardonné et l'avait nommé en outre chef du pays de l'Okulé-Kusai. Investi de ces nouvelles fonctions, il s'était établi à Saganeiti, d'où il n'avait pas tardé à reprendre le cours de ses razzias. Pour y mettre un terme, le général Baldissera conçut le projet de surprendre Debeb et de le capturer. Il organisa dans ce but une colonne de 400 irréguliers, commandée par 1 capitaine et 4 lieutenants italiens, et la fit partir le 3 août, de Ua-a, dans le plus grand secret. Le 9 août le détachement arriva dès l'aube devant Saganeiti; Debeb, prévenu de l'opération entreprise contre lui, se tenait sur ses gardes. Quoique le village fût bien défendu, la petite troupe italienne réussit à y pénétrer; mais les 5 officiers étant successivement tombés sous les balles qui partaient des maisons et des hauteurs avoisinantes, elle se débanda et prit la fuite dans la direction de Zula.

L'autre exilé abyssin, le barambaras Kafel, demeuré fidèle à la cause italienne, ayant proposé au général Baldissera d'occuper Keren avec sa bande, fut autorisé à agir de sa propre initiative. Parti d'Otumlo le 20 juillet, il arrivait le 26 à Keren où il s'installait sans difficulté. Attaqué dans les premiers jours de septembre par Debeb à la tête d'un millier d'hommes, il réussit à le repousser, et, au mois de décembre, il fut placé officiellement par le commandant supérieur italien à la tête du gouvernement de Keren et reçut, en même temps que l'investiture, le titre de Dégiac (1).

Cependant les tribus limitrophes continuaient à se ranger en grand nombre sous la bannière de l'Italie : une des plus importantes, celle des Beni-Amer, demanda,

---

(1) Général de division.

le 2 décembre 1888, aide et protection au Gouverneur de la colonie.

Mort du Négus Johannès. — Relations des Italiens avec Ménélik, roi du Choa.

La retraite inattendue du Négus Johannès, au moment où il allait en venir aux mains avec les Italiens à Saati en avril 1888, avait été motivée par la nouvelle d'une incursion des Derviches. En apprenant que les hordes mahdistes avaient pénétré jusqu'à Gondar et incendié sa capitale, l'Empereur d'Abyssinie avait renoncé à une action immédiate contre les Italiens dont il ne pouvait avoir rapidement raison, pour marcher en toute hâte avec son armée contre les envahisseurs; mais il arriva trop tard : les Derviches avaient déjà évacué le territoire abyssin et étaient rentrés chargés de butin à Omdurman.

L'arrivée de la saison des pluies obligea le Négus à suspendre toute opération militaire. Au retour de l'automne, il s'efforça tout d'abord de ramener à l'obéissance les chefs de ses États vassaux qui, en raison de l'accroissement de leur puissance, prenaient une attitude trop indépendante; puis, au mois de février 1889, il réunit une armée de 150,000 hommes dont 20,000 cavaliers, et, avec son fidèle lieutenant le ras Aloula, il se porta contre les Mahdistes qu'il trouva établis au nombre de 85,000 dans un camp retranché à proximité de Metemmah. Le 10 mars, il réussit à forcer toutes les défenses des Derviches; mais sa mort, à la fin de la journée, vint changer la victoire en déroute; les Abyssins s'enfuirent vers l'Atbara, où, rejoints par les Derviches, ils éprouvèrent, le 12 mars, une nouvelle défaite.

La mort du Négus changeait complètement la situation en Abyssinie. Son fils unique Area Salassich étant mort au mois de juin 1888, Johannès avait désigné comme successeur au trône impérial, un fils de naissance irrégulière, le ras Mangascia; mais celui-ci avait un rival redoutable dans Ménélik, le plus puissant et le plus estimé des rois éthiopiens, qui avait en outre l'avantage d'être considéré comme le représentant de la dynastie régulière (1).

Ménélik était né en 1844. Son père Haeli Melikot, roi du Choa, ayant été détrôné par Théodoros, le jeune prince fut interné à Gondar; après de longues années de captivité, il parvint à s'enfuir et, à la tête d'un groupe de partisans résolus, marcha sur Ankober, capitale du Choa, s'en empara, et se fit reconnaître comme légitime successeur de son père sous le nom de Ménélik II (1866).

Dès son avènement au trône, le nouveau roi du Choa s'était nettement prononcé contre les Anglais et avait au contraire marqué sa prédilection pour les Français avec lesquels les rois du Choa entretenaient d'excellents rapports depuis Richelieu (2).

Désireux de faire bénéficier son peuple des progrès de la civilisation, il avait attiré à sa cour de nombreux Européens; il s'était servi de leur intermédiaire pour se procurer des armes, des canons, et avait mis leurs connaissances à contribution pour tracer des routes, construire des ponts, monter des usines et surtout réorganiser

---

(1) Ménélik II passe pour descendre en ligne directe du fils de la reine de Saba et de Salomon, Ménélik, qui fut le premier roi d'Éthiopie.

(2) En 1843, un Français, M. Rochet d'Héricourt, conclut avec Sahala Selassié, père d'Haeli Mélikot, un traité confiant au roi Louis-Philippe la protection des pèlerins abyssins en terre sainte, et accordant aux sujets français le droit de commercer et d'acquérir des biens-fonds au Choa.

Au lendemain de 1870, Ménélik envoie à la France une somme de 2,000 talaris pour l'aider à payer l'indemnité de guerre.

son armée. Tous ses efforts visaient à la reconstitution de la patrie éthiopienne.

Pendant vingt ans, il aguerrit ses troupes par les expéditions qu'il entreprend chaque année, soit pour agrandir son territoire, soit pour réprimer des tentatives de révolte, soit pour châtier les tribus pillardes de l'Aoussa. Il ajoute à ses États deux provinces riches et fertiles : le royaume de Kaffa (1) et le Harrar, où il place comme gouverneur son neveu, le ras Makonnen; il étend sa domination sur les Gallas musulmans; enfin, il reconstruit Antotto, l'ancienne capitale de l'Éthiopie, et y établit sa résidence.

A peine installés à Assab, les Italiens étaient entrés en rapport avec le roi du Choa. Les relations entamées avec lui avaient présenté, au début, un caractère exclusivement commercial; mais elles se transformèrent en négociations politiques lorsqu'ils furent amenés à rompre avec le Négus.

Ce fut le comte Antonelli, l'explorateur italien, qui, pendant de longues années, remplit auprès de Ménélik le rôle d'agent diplomatique de l'Italie. Chargé, dès l'année 1882, d'une mission officielle de son gouvernement, ses premiers efforts en débarquant à Assab eurent pour objet de détourner sur ce port le courant commercial du Choa. Dans ce but, il s'occupa d'abord de se concilier les bonnes grâces de Mohamed Anfari, sultan d'Aoussa, dont il fallait traverser le territoire pour se rendre en Abyssinie.

Pendant cinq années, il fut constamment en route entre l'Italie, le Choa et l'Aoussa et, après de nombreuses conventions passées avec Mohamed Anfari, finit

---

(1) Le Kaffa, situé au Sud-Ouest de l'Abyssinie, est la région d'origine du café. L'arbuste qui produit ce grain y pousse à l'état sauvage.

par lui faire accepter définitivement le protectorat italien sur l'Aoussa (9 décembre 1888) (1).

Durant cette même période, le comte Antonelli faisait ressortir aux yeux de Ménélik tous les avantages qu'il retirerait de l'ouverture d'une voie de pénétration par Assab et cherchait à obtenir du roi du Choa qu'il usât de son influence sur les populations danakils, voisines de ses frontières, pour faciliter la réalisation de ce projet. Lorsque les Italiens, après l'affaire de Dogali, se préparèrent à prendre leur revanche sur le Négus, ces questions commerciales passèrent au second plan. Le Gouvernement italien songea, en effet, à tirer parti de la rivalité latente que l'extension de la puissance de Ménélik avait provoquée entre le vassal et son suzerain. En favorisant les visées ambitieuses du roi du Choa, il espérait obtenir la neutralité de ce monarque dans le conflit qui était imminent, et peut-être susciter contre le Négus un adversaire redoutable qui détournerait son attention des possessions italiennes de Massaouah.

Les instructions adressées, dès le mois de mars 1887, au comte Antonelli, montrent bien l'orientation que l'Italie comptait donner à sa politique. Son envoyé diplomatique était, en effet, chargé d'éclaircir les points suivants :

1° Au moment opportun, Ménélik est-il disposé à fournir une coopération efficace contre le Négus ?

---

(1) Le traité de 1886 renouvelait les accords antérieurs :

Le 10 janvier 1887, Mohamed, l'anfari d'Aoussa, avait renoncé à toute juridiction sur le territoire de Beilul, de Tanci jusqu'à la mer, et au Nord jusqu'au cap Rakma.

Par le traité du 7 juillet 1887, il s'était engagé, moyennant une indemnité annuelle, à faire tracer une bonne route entre Assab et les frontières du Choa, avec le concours du Gouvernement italien.

Le 10 août 1887, il avait signé une convention par laquelle il accordait la liberté de commerce aux Italiens sur la voie Assab — Aoussa — Choa.

2° Quels en seraient éventuellement le caractère et l'importance ?

3° A défaut de coopération effective, peut-on compter que Ménélik prendra une attitude de nature à obliger le Négus à maintenir une partie de ses forces en observation du côté du Choa, ou tout au moins peut-on compter sur son absolue neutralité ?

Ménélik, qui convoitait la tiare impériale, à laquelle sa qualité de représentant de la dynastie légitime lui donnait des droits, écouta les propositions de l'Italie, mais évita cependant d'entrer en lutte ouverte avec l'Empereur Johannès. Il ne se joignit pas à l'expédition dirigée, au commencement de 1888, par le Négus contre Saati et alla à cette époque camper à Boru-Mieda avec son armée, forte de 120,000 hommes. Il est difficile d'établir s'il voulut ainsi se conformer à la convention secrète conclue entre lui et l'Italie au mois d'octobre 1887, par laquelle il s'engageait, en échange de 5,000 fusils Remington, à rester neutre pendant cette campagne, ou s'il obéit aux ordres péremptoires de son suzerain, qui lui enjoignait de garder ses derrières du côté des Derviches.

Lorsque le Négus, après sa retraite inopinée devant les Italiens, se disposa, au mois d'octobre 1888, à marcher contre ceux de ses vassaux dont la puissance et l'indépendance lui portaient ombrage, Ménélik se rapprocha plus ouvertement de l'Italie, qui lui promit son appui et s'engagea à faire une pointe sur Asmara et Gura au moment où il serait lui-même engagé avec Johannès. Le 13 octobre 1888, il reçut d'ailleurs la caravane qui, par la voie d'Assab, lui apportait les armes promises antérieurement :

5,000 fusils Remington ;
200,000 cartouches Wetterli ;
12 caisses de poudre.

Vers la même époque, dans une lettre datée du 23 octobre, le roi du Choa écrivait au Ministre des affaires étrangères d'Italie :

« De mon côté, j'enverrai en mission à Rome le
« dégiac Makonnen.

« L'Empereur Johannès, avec le ras Aloula, le ras
« Mikaël et toute l'armée du Tigré, est dans le Godjam
« et le saccage. Si, après avoir abandonné ce pays, ils
« viennent dans le Choa, je défendrai mes frontières. Le
« Choa et le Godjam sont unis et bien d'accord. »

Il rassembla alors son armée et prit, sur la rive gauche de l'Abaï, une position défensive.

Le Négus Johannès s'arrêta devant le déploiement de forces de Ménélik et, n'osant franchir le fleuve, chercha à entrer en négociations avec son rival ; le roi du Choa refusa de traiter.

Cependant, le Gouvernement italien faisait agir le comte Antonelli auprès de Ménélik pour le déterminer à signer une convention fixant les limites de la colonie de Massaouah ; mais, tout en acceptant en principe les conditions de l'Italie, Ménélik se dérobait. Comme roi du Choa il ne pouvait, en effet, prendre d'engagement concernant une région qui n'était pas placée encore sous sa dépendance. Sa manière de voir ressort des passages suivants, extraits des deux lettres qu'il écrivit, le 20 février 1889, au roi Humbert et au Président du Conseil.

Après avoir déclaré, dans la première, que le traité proposé par le roi d'Italie le satisfaisait entièrement, il ajoutait : « J'approuve la manière dont Votre Majesté a
« l'intention d'établir les frontières de Massaouah et, si
« la divine Providence permet qu'un jour cette localité
« m'appartienne, Votre Majesté peut être sûre qu'aucune
« difficulté ne viendra troubler notre complet accord et
« notre sincère amitié. »

Il reproduit la même pensée dans celle qu'il adresse au Président du Conseil :

« Je ne fais aucune difficulté pour accorder au roi

« Humbert les territoires qu'il demande, s'il est établi
« par Dieu que ce pays doive m'appartenir un jour. »

Sur ces entrefaites, le Négus Johannès avait trouvé la mort à la bataille de Metemmah. Ménélik écrivit aussitôt (26 mars 1889) au roi d'Italie pour lui annoncer cet événement ; il lui demandait de ne pas prêter l'oreille aux propositions des rebelles qui se trouvaient dans le Tigré, et d'interdire le passage des armes à destination de cette province ; enfin il sollicitait l'occupation de l'Asmara par les troupes italiennes. Sa lettre se terminait ainsi : « Je
« me permets de dire ces choses à Votre Majesté, parce
« que Dieu, dans sa justice, me donne ce trône que,
« depuis tant d'années, j'avais le droit d'avoir, et qui
« procurera repos et paix à toute l'Europe. »

En même temps, Ménélik franchissait les frontières du Choa et, pénétrant dans l'Abyssinie proprement dite, se déclarait hautement le successeur de l'Empereur Johannès. Les populations, fatiguées de la guerre, l'accueillirent comme le pacificateur du pays : le clergé s'inclina devant lui. Taclé Aimanot, roi de Godjam, le ras Mikaël, gouverneur des Wollo-Gallas, et la plupart des chefs le reconnurent comme Négus Neghesti (roi des rois). Le Tigré seul demeura hostile. Le ras Mangascia, désigné par le Négus mourant pour recueillir son héritage, s'y était réfugié et, avec les débris de l'armée de l'Empereur, réorganisés par les soins de son lieutenant le ras Aloula, s'apprêtait à tenir campagne pour faire prévaloir ses droits au trône.

II

LES TRAITÉS ITALO-ÉTHIOPIENS.

Traité d'Ucciali. — Occupation de Keren et d'Asmara. — Nouvelle expansion de la colonie. — Convention additionnelle. — Démêlés de l'Italie avec Ménélik à propos de la question des frontières et du protectorat.

Traité d'Ucciali.

Aussitôt après avoir pris possession du pouvoir, le nouveau Négus se dirigea sur Gondar, à la tête d'une armée de 140,000 hommes, pour s'y faire couronner. Pendant sa marche, il se décida à signer, au camp d'Ucciali, le 2 mai 1889, le traité qui lui fut présenté par le comte Antonelli, et qui avait pour but de sanctionner les engagements pris antérieurement à l'égard de l'Italie.

Dans la rédaction italienne, le texte de cette convention est le suivant :

« Sa Majesté Humbert Ier, Roi d'Italie, et Sa Majesté
« Ménélik, Roi des Rois d'Éthiopie, dans le but de
« rendre profitable et durable la paix entre les deux
« royaumes d'Italie et d'Éthiopie, ont décidé de conclure
« un traité d'amitié et de commerce.

« Sa Majesté le Roi d'Italie, représenté par le comte
« Pierre Antonelli, commandeur de la Couronne d'Italie,
« chevalier des Saints Maurice et Lazare, son envoyé
« extraordinaire auprès de Sa Majesté le Roi Ménélik,
« lequel est muni de pleins pouvoirs ; et Sa Majesté le
« Roi Ménélik, agissant en son propre nom comme Roi
« des Rois d'Éthiopie, ont arrêté et conclu les articles
« suivants :

« Article premier.

« Paix perpétuelle et amitié constante existeront entre
« Sa Majesté le Roi d'Italie et Sa Majesté le Roi des Rois

« d'Éthiopie, ainsi qu'entre leurs héritiers respectifs,
« successeurs, sujets et populations placées sous leur
« protectorat.

« Art. II.

« Chacune des parties contractantes pourra être repré-
« sentée par un agent diplomatique accrédité auprès de
« l'autre, et pourra nommer des consuls et agents consu-
« laires dans les États de l'autre partie.

« Ces fonctionnaires jouiront de tous les privilèges et
« immunités, conformément aux usages des gouverne-
« ments européens.

« Art. III.

« Pour écarter toute équivoque en ce qui concerne les
« limites du territoire sur lequel les deux parties con-
« tractantes exercent des droits de souveraineté, une
« commission spéciale, composée de deux délégués ita-
« liens et de deux délégués éthiopiens, tracera sur le
« terrain, au moyen de signaux placés d'une manière
« permanente, une ligne frontière dont les points de
« repère doivent être établis comme suit :

« *a*) La ligne du haut plateau marquera la frontière
« italo-éthiopienne.

« *b*) En partant de la région d'Arafali, les villages de
« Halai, Saganeiti et Asmara seront compris dans les
« possessions italiennes (1).

« *c*) Du côté des Bogos, Addi-Nefas et Addi-Johannès
« limiteront le territoire italien.

« *d*) A partir d'Addi-Johannès, une ligne tracée de l'Est
« à l'Ouest marquera la frontière italo-éthiopienne.

« Art. IV.

« Le couvent de Debra Bizen, avec toutes ses posses-
« sions, restera propriété du Gouvernement éthiopien

---

(1) Voir le croquis page 21.

« qui, cependant, ne pourra pas s'en servir dans un but
« militaire.

« Art. V.

« Les marchandises transportées par les caravanes
« venant de Massaouah ou s'y rendant, payeront sur le
« territoire éthiopien un seul droit de douane de 8 pour
« 100 *ad valorem*.

« Art. VI.

« Le commerce, par Massaouah, de munitions à desti-
« nation de l'Éthiopie ou en provenant, sera libre pour le
« seul Roi des Rois d'Éthiopie.

« Quiconque voudra obtenir l'autorisation d'effectuer
« un transport de ce genre devra adresser chaque fois
« une demande régulière de passage aux autorités ita-
« liennes et la faire revêtir du sceau royal.

« Les caravanes transportant des armes et des mu-
« nitions seront placées sous la protection des troupes
« italiennes et escortées par elles jusqu'aux frontières
« de l'Éthiopie.

« Art. VII.

« Les sujets de chacune des deux parties contractantes
« pourront librement se rendre avec leurs effets et mar-
« chandises d'un pays dans l'autre, et bénéficieront de
« la protection supérieure des deux gouvernements, par
« l'intermédiaire de leurs agents.

« Il est cependant interdit à des gens armés de l'une
« ou de l'autre partie contractante, de se réunir en
« troupe restreinte ou nombreuse pour franchir les fron-
« tières respectives, dans le but de s'imposer aux popu-
« lations ou de tenter de se procurer de vive force des
« vivres ou des bestiaux.

« Art. VIII.

« Les Italiens en Éthiopie et les Éthiopiens en Italie
« ou dans les possessions italiennes, ne pourront acheter

« ou vendre, prendre ou donner en fermage, enfin dis-
« poser de leurs propriétés que de la manière en usage
« chez les indigènes.

« Art. IX.

« Est pleinement garantie, dans chacun des États,
« la faculté, pour les sujets de l'autre, de pratiquer la reli-
« gion qui leur est propre.

« Art. X.

« Les contestations ou litiges entre Italiens en Éthiopie
« seront réglées par les autorités italiennes de Massaouah
« ou par leurs délégués.

« Les litiges entre Italiens et Éthiopiens seront réglés
« par les autorités italiennes de Massaouah ou par leurs
« délégués, de concert avec un délégué des autorités
« éthiopiennes.

« Art. XI.

« Si un Italien décède en Éthiopie ou un Éthiopien
« en territoire italien, les autorités locales prendront soi-
« gneusement en garde toutes ses propriétés et les tien-
« dront à la disposition du Gouvernement auquel appar-
« tenait le défunt.

« Art. XII.

« En tout cas et en toute circonstance, les Italiens
« prévenus d'un crime seront jugés par l'autorité ita-
« lienne.

« Pour ce faire, l'autorité éthiopienne devra immédia-
« tement remettre à l'autorité italienne à Massaouah les
« Italiens prévenus d'avoir commis un crime.

« Également, les Éthiopiens prévenus de crime com-
« mis en territoire italien, seront jugés par l'autorité
« éthiopienne.

« Art. XIII.

« Sa Majesté le Roi d'Italie et Sa Majesté le Roi des
« Rois d'Éthiopie contractent l'obligation de se remettre
« réciproquement les délinquants qui, pour se soustraire
« à l'application d'une peine, se seraient réfugiés des
« domaines de l'un dans ceux de l'autre.

« Art. XIV.

« La traite des esclaves étant contraire aux principes
« de la religion chrétienne, Sa Majesté le Roi des Rois
« d'Éthiopie s'engage à l'empêcher de tout son pouvoir,
« de manière qu'aucune caravane d'esclaves ne puisse
« traverser ses États.

« Art. XV.

« Le présent traité est en vigueur dans tout l'empire
« éthiopien.

« Art. XVI.

« Si, au bout de cinq années à partir de la date de
« la signature, une des deux hautes parties contractantes
« voulait introduire quelque modification dans le présent
« traité, elle pourra le faire ; mais elle devra prévenir
« l'autre une année auparavant, toute concession en ma-
« tière de territoire demeurant immuable.

« Art. XVII.

« Sa Majesté le Roi des Rois d'Éthiopie *consent* à se
« servir du Gouvernement de Sa Majesté le Roi d'Italie
« pour toutes les affaires qu'il aurait à traiter avec d'autres
« puissances ou gouvernements.

« Art. XVIII.

« Dans le cas où Sa Majesté le Roi des Rois d'Éthiopie
« aurait l'intention d'accorder des privilèges spéciaux

« à des citoyens d'un tiers État pour commercer ou créer
« des établissements industriels en Éthiopie, à égalité de
« conditions, la préférence sera toujours accordée aux
« Italiens.

« Art. XIX.

« Le présent traité étant rédigé en langue italienne et
« en langue amharique, les deux versions concordant
« parfaitement entre elles, les deux textes seront consi-
« dérés comme officiels et feront, sous tous les rapports,
« également foi.

« Art. XX.

« Le présent traité sera ratifié.
« En foi de quoi, le comte Pierre Antonelli, au nom
« de Sa Majesté le Roi d'Italie, et Sa Majesté Ménélik,
« Roi des Rois d'Éthiopie, au sien propre, ont apposé
« leurs signatures et leurs sceaux sur le présent traité
« fait au camp d'Ucciali, le 25 mazzia 1881, correspon-
« dant au 2 mai 1889.

« Pour Sa Majesté le Roi d'Italie,

« Pierre Antonelli. »

(Cachet impérial d'Éthiopie.)

Par ce traité, l'Italie reconnaissait Ménélik comme Empereur d'Éthiopie. En échange elle obtenait la libre possession des territoires en litige sous le précédent règne et recueillait ainsi le prix des services qu'elle avait rendus au roi du Choa, en lui procurant les moyens de tenir tête au Négus et en préparant son avènement. Elle avait, en outre, la faculté d'étendre son domaine colonial jusqu'à Asmara, qui était encore au pouvoir du ras Mangascia, prétendant rival de Ménélik.

Occupation de Keren et d'Asmara.

Les Italiens ne se hâtèrent pas de lancer leurs colonnes dans la région qui venait de leur être concédée : ils avaient tout profit à laisser le plus longtemps possible Mangascia et son lieutenant le ras Aloula aux prises avec les chefs indigènes qui s'étaient eux-mêmes révoltés ; cette guerre civile amoindrissait les forces de leurs adversaires et pouvait leur permettre peut-être de pénétrer plus tard dans le pays en libérateurs. Sans renoncer à une action dans cette direction, le commandant supérieur de la colonie résolut tout d'abord de s'emparer définitivement de Keren, la capitale des Bogos, qui était, à ce moment, sur le point d'échapper à l'influence italienne.

Le gouverneur de cette place, le barambaras Kafel, bien qu'ayant reçu l'investiture du Gouvernement italien, y agissait pour son propre compte, opprimait les populations et faisait de fréquentes razzias pour entretenir son armée. Mandé à Massaouah pour rendre compte de sa conduite, il avait refusé de s'y rendre et son attitude était devenue nettement indépendante. Le général Baldissera, en présence de cette situation, prit ses dispositions en vue d'une action d'autant plus prompte contre Kafel qu'il le soupçonnait de préparer, de concert avec le ras Aloula, l'envahissement de l'Hamasèn. En outre, il accepta de nouveau les offres de service du proscrit Debeb, malgré ses infidélités antérieures ; celui-ci pouvait, en effet, avec les 2,000 hommes qu'il avait dans l'Okulé-Kusai, prêter main-forte aux Italiens contre Kafel, puis paralyser en partie les forces du ras Aloula.

Le 26 mai 1889, deux colonnes de 1000 hommes chacune, sous les ordres du major di Maio et du major Escard, se portèrent par deux routes différentes de Massaouah sur Keren, où elles arrivèrent à l'improviste le

2 juin, en même temps que Debeb débouchait avec sa bande sur un troisième côté de la place.

Entouré de toutes parts, le barambaras Kafel se rendit à discrétion ; avec toute sa famille, il fut envoyé à Assab et interné dans cette localité, où il mourut plus tard. Ses partisans furent désarmés et le drapeau italien, arboré sur la ville, fut salué de 21 coups de canon. Une partie des troupes italiennes resta en garnison dans le fort, l'autre rentra à Massaouah. Quant à Debeb, il reprit le chemin de l'Okulé-Kusai.

Après avoir occupé Keren, le point le plus important sur la route des caravanes entre la mer Rouge et le Soudan, les Italiens se décidèrent à aller prendre possession d'Asmara, forte position qui constituait un point d'appui excellent au seuil de la haute région éthiopienne. Comme des sentiers escarpés, impraticables à l'artillerie et aux convois, permettaient seuls d'y accéder, on employa les mois de juin et de juillet à rendre praticable aux mulets la route qui, par Sabarguma et Ghinda, conduit à cette localité.

Pendant l'exécution de ces travaux, Debeb avait d'abord bataillé contre les ras Aloula et Mangascia, puis, séduit par leurs propositions, il avait fini par accepter de servir leur cause ; mais, sur ces entrefaites, s'étant rendu avec une faible escorte à l'église de Makallé pour y recevoir l'investiture du titre de ras qui lui avait été promis, il eut la désagréable surprise de s'y voir chargé de chaînes et emmené en captivité par ordre de Mangascia. Ses gens se dispersèrent et l'Hamasen se trouva ainsi découvert devant le ras Aloula.

Afin de devancer l'ennemi, le général Baldissera marcha en toute hâte de Ghinda sur Asmara, par la voie d'Arbarob, avec une colonne comprenant :

    2 bataillons indigènes ;
    2 bataillons italiens ;

2 batteries;
1 peloton d'explorateurs (1);
des détachements de cavalerie et du génie; des sections des différents services (commissariat, santé, étapes, subsistances, train, etc.).

D'autre part, le major di Maio, avec les bandes d'irréguliers à la solde de l'Italie, se portait dans la même direction par le chemin de Dorfu. Les troupes italiennes arrivèrent sans encombre sur le plateau et, le 3 août 1880, entrèrent dans Asmara, où la population leur fit bon accueil.

Le commandant supérieur s'empressa de fortifier cette localité, d'occuper dans le voisinage deux positions dominantes et d'armer les ouvrages avec du canon. Des vivres et des munitions furent amenés dans la place, des magasins et des abris y furent construits, et l'on posséda dès lors dans la haute région, au milieu d'un pays salubre, un poste susceptible de présenter une grande résistance.

L'occupation de Keren et d'Asmara était pour l'Italie d'une grande importance; situées respectivement à des distances de 100 et de 80 kilomètres de Massaouah, ces deux villes formaient, avec le port de la mer Rouge, un triangle défensif qui couvrait la colonie italienne à la fois contre les Derviches et contre les Abyssins.

Nouvelle expansion de la colonie. — Convention additionnelle.

Au cours de ces opérations, l'attitude de Mangascia, le rival de Ménélik, avait été très circonspecte, car il ne renonçait pas à obtenir l'appui de l'Italie; le 16 août, il avait fait écrire inutilement au général Baldissera pour lui demander de conclure la paix, tout en laissant son

---

(1) Troupe mixte, montée sur des mulets et des chameaux.

lieutenant, le ras Aloula, s'avancer de Godofelassi vers Gura.

A la nouvelle de ce mouvement, le commandant supérieur italien avait détaché contre Aloula le major di Maio avec 2 compagnies et 600 irréguliers auxquels se joignirent, à Hilabo, les bandes de Bath Agos et des autres chefs de l'Okulé-Kusai. Marchant nuit et jour, Aloula parvint à échapper à la poursuite de cette colonne et, après avoir franchi la Belesa, se replia sur Adoua, d'où il envoya, le 25 août, une lettre au général Baldissera pour lui renouveler les propositions formulées déjà par Mangascia en vue de la paix.

Ménélik, toujours occupé de ses intérêts dans le Sud, ne se hâtait pas de marcher contre le Tigré; il s'était contenté d'envoyer dans cette région le dégiac Séjum, qu'il avait nommé chef de la province, en le chargeant du soin de soumettre son rival Mangascia. L'intervention de Séjum fut insignifiante; après être resté longtemps inactif, il attaqua, il est vrai, Mangascia à deux reprises différentes, mais sans résultat efficace.

De son côté, le général Baldissera n'avait pas cessé de susciter contre l'adversaire de Ménélik les chefs des districts voisins et tous les mécontents de la région; à la faveur de ces divisions et de l'anarchie qui en était la conséquence, il avait continué son expansion vers l'intérieur du pays. C'est ainsi qu'il occupa l'Okulé-Kusai et et le Saraé pour le compte de l'Italie, négligeant le ras Aloula qui restait en observation du côté de Tukul; puis, pour appuyer Séjum et donner la main à Sebath, chef de l'Agamé, qu'il avait décidé à marcher contre Mangascia, il fit avancer jusque dans l'Entiscio le major di Maio, avec les bandes indigènes.

Au commencement de l'automne de 1889, le Mai-Tsade était au pouvoir des Italiens et leur influence s'étendait de ce côté jusqu'à l'Adirbate, dont les populations se montraient bien disposées à leur égard.

Cette série d'opérations permit au général Baldissera de porter les frontières de la colonie jusqu'à la ligne formée par le Mareb, la Belesa et la Mouna.

Au moment où ces événements militaires s'accomplissaient en Abyssinie, une mission éthiopienne, envoyée par Ménélik en exécution de ses engagements antérieurs, avait débarqué à Naples, le 21 août, sous la conduite du dégiac Makonnen, qui apportait le traité d'Ucciali pour le soumettre à la ratification du Gouvernement italien.

Au cours de son séjour dans la péninsule, l'ambassadeur du Négus consentit à signer une *Convention additionnelle*, dont certaines clauses devaient donner lieu dans la suite aux plus vives contestations.

Le texte de ce nouvel accord était le suivant :

« Au nom de la Très Sainte Trinité,

« Sa Majesté le Roi d'Italie et Sa Majesté l'Empereur
« d'Éthiopie, désirant conclure une convention addition-
« nelle au traité d'amitié et de commerce, signé au camp
« d'Ucciali le 2 mai 1889, ont nommé comme plénipo-
« tentiaires,

« Sa Majesté le Roi d'Italie :

« Le chevalier François Crispi, président du Conseil
« des Ministres et son Ministre Secrétaire d'Etat à l'in-
« térieur pour les Affaires étrangères, etc.

« Sa Majesté l'Empereur d'Éthiopie :

« Le dégiac Makonnen, son ambassadeur auprès de
« S. M. le Roi d'Italie ; lesquels, munis de pleins pou-
« voirs, ont établi ce qui suit :

« Article premier.

« Le Roi d'Italie reconnaît Ménélik comme Empereur
« d'Éthiopie.

« Art. 2.

« Le Roi Ménélik reconnaît la souveraineté de l'Italie
« sur les colonies qui sont comprises sous la désignation
« de Possessions italiennes de la mer Rouge (1).

« Art. 3.

« En vertu des précédents articles, il sera fait une rec-
« tification des deux territoires, en prenant pour base *la
« possession de fait actuelle*, et par les soins de délégués
« qui, aux termes de l'article III du traité du 2 mai 1889,
« seront nommés par le Roi d'Italie et par l'Empereur
« d'Éthiopie.

« Art. 4.

« L'Empereur d'Éthiopie pourra créer pour ses États
« une monnaie spéciale dont le poids et la valeur seront
« à établir d'un commun accord. Elle sera frappée par
« les soins des établissements monétaires du Roi d'Italie,
« et aura cours légal dans les territoires possédés par
« l'Italie.

« Art. 5.

« Si le Roi d'Italie frappe une monnaie pour ses pos-
« sessions africaines, elle devra avoir cours légal dans
« tous les royaumes de l'Empereur d'Éthiopie.

« Un emprunt de quatre millions de lires devant être
« contracté par l'Empereur d'Éthiopie auprès d'une
« banque italienne, avec la garantie du Gouvernement
« italien, il reste établi que l'Empereur d'Éthiopie donne
« de son côté audit Gouvernement, comme garantie
« pour le payement des intérêts et pour l'extinction de
« la dette, les droits d'entrée de douane du Harrar.

---

(1) Par décret du 1ᵉʳ janvier 1890, ces Possessions reçurent le nom général de « Colonie de l'Érythée ».

« Art. 6.

« L'Empereur d'Éthiopie, s'il vient à manquer au
« payement régulier de l'annuité à établir avec la banque
« qui fera le prêt, donne et concède au Gouvernement
« italien le droit d'assumer l'administration des douanes
« susdites.

« Art. 7.

« Moitié de la somme, c'est-à-dire deux millions de
« lires italiennes, sera versée en monnaie d'argent;
« l'autre moitié sera déposée dans les caisses de l'État
« italien pour servir aux acquisitions que l'Empereur
« d'Éthiopie a l'intention de faire en Italie.

« Art. 8.

« Il reste entendu que les droits de douane dont il
« est question à l'article V du traité du 2 mai 1889, s'ap-
« pliqueront non seulement aux caravanes provenant de
« Massaouah ou s'y rendant, mais à toutes celles qui
« gagneront par toute autre voie un pays placé sous l'au-
« torité de l'Empereur d'Éthiopie.

« Art. 9.

« Le 3ᵉ paragraphe de l'article XII du traité précité
« est abrogé et remplacé par le suivant :
« Les Éthiopiens qui commettraient un délit en terri-
« toire italien seront toujours jugés par les autorités
« italiennes.

« Art. 10.

« La présente convention est obligatoire non seule-
« ment pour l'Empereur actuel d'Éthiopie, mais égale-
« ment pour les héritiers de la souveraineté sur tout ou
« partie des territoires placés actuellement sous la domi-
« nation du roi Ménélik.

« Art. 11.

« La présente convention sera ratifiée et les ratifica-
« tions seront échangées le plus tôt possible.

« En foi de quoi, le chevalier François Crispi, au nom
« de Sa Majesté le Roi d'Italie, et le dégiac Makonnen,
« au nom de Sa Majesté l'Empereur d'Éthiopie, ont
« signé et ont scellé de leurs sceaux la présente convention
« faite à Naples le 1er octobre 1889, c'est-à-dire le 22
« mascarram 1882 de la date éthiopienne.

« Makonnen,
« Crispi. »

Le 11 octobre, le Cabinet de Rome notifia aux puissances européennes et aux États-Unis d'Amérique l'article XVII du traité d'Ucciali, qui, d'après son interprétation, plaçait l'Éthiopie sous le protectorat italien.

En outre, afin d'établir d'une manière définitive ses droits sur les côtes de la mer Rouge, il communiqua, le 6 décembre, l'article suivant du traité du 9 décembre 1888, conclu avec le Sultan de l'Aoussa, chef des tribus Danakils :

« Au cas où d'autres nations tenteraient d'occuper
« l'Aoussa ou un point quelconque de ce territoire et de
« ses dépendances, le Sultan s'y opposera et devra arbo-
« rer le pavillon italien en déclarant ses propres États
« avec toutes leurs dépendances placés sous le protec-
« torat italien. »

Reconnaissance sur Adoua. — Occupation d'Agordat.

A la fin de l'année 1889, le major général Baldissera, qui était favorable à l'idée d'un rapprochement avec les chefs du Tigré, n'ayant pu faire prévaloir son opinion, demanda à être relevé de son commandement, et fut remplacé par le général Orero à la tête du gouvernement de la colonie.

Sans tenir compte des limites que la convention additionnelle avait fixées à la colonie d'Érythrée, le nouveau commandant supérieur effectua, dans le mois de janvier 1890, une reconnaissance sur Adoua, la capitale du Tigré. Par une marche habile, il conduisit jusqu'à cette ville une colonne dont la composition était la suivante :

1 escadron d'explorateurs;
1 bataillon de bersagliers;
1 bataillon indigène;
1 batterie d'artillerie de montagne;
1 compagnie de sapeurs du génie;
les bandes à la solde de l'Italie.
Soit en tout 6,000 hommes environ.

Un pareil déploiement de forces intimida les rebelles du Tigré, qui se tinrent prudemment à l'écart et n'inquiétèrent pas le mouvement du général Orero. Déjouant la vigilance des partisans d'Aloula, le général italien parvint même à faire exécuter par l'escadron d'explorateurs, commandé par le capitaine Toselli, une pointe hardie jusqu'à Makallé. Mais, en raison de l'opposition faite par le comte Antonelli, cette entreprise militaire ne fut pas poursuivie, et le commandant supérieur italien repassa le Mareb avec toutes ses troupes

Dans les derniers jours de février, Ménélik, qui s'était enfin mis en mouvement vers le Nord, arriva à Makallé avec son armée. Il entama aussitôt des négociations avec le ras Mangascia et obtint sa soumission; puis il s'occupa de donner au Tigré une organisation administrative.

Son projet consistait à partager cette province en deux zones principales. Mangascia devait rester à la tête de la région occidentale, et Séjum, primitivement désigné comme gouverneur de tout le pays, aurait conservé la haute main sur la région orientale seulement. En outre, le Négus se proposait de donner à un homme de confiance, Mesciascia Workié, du Beghemeder (1), l'administration des territoires d'Adoua et d'Axoum.

Ménélik se préparait à marcher sur Axoum, la cité sainte, pour s'y faire sacrer et pour installer dans leur commandement les nouveaux chefs du Tigré, lorsque certains indices le firent douter du bon accueil des populations. Il prit alors le parti de retourner dans le Choa. Séjum l'y suivit, renonçant ainsi à l'Agamé, que Sebath, ancien chef de ce district, était d'ailleurs bien décidé à ne pas céder. De son côté, Mangascia se retira dans le Tembien (2). Grâce à l'appui de l'Italie, Mesciascia Workié parvint à s'établir dans le Saraë et dans l'Okulé-Kusai ; mais il ne devait pas demeurer longtemps dans cette situation (3).

Le 4 juin 1890, le général Gandolfi succéda au général Orero, dont le conflit avec le comte Antonelli avait provoqué le rappel ; mais, comme il avait paru nécessaire de concentrer tous les pouvoirs dans la même main, le décret de nomination lui avait conféré le titre de « Gouverneur *civil et militaire* de la colonie ».

Peu de temps après, les Italiens se mesurèrent pour la première fois avec les Derviches, dont une horde de 800 guerriers était venue attaquer, non loin d'Agordat, la tribu des Beni-Amer (4).

---

(1) Pays situé à l'Est du lac Tsana.
(2) Région comprise entre le Tacazzé et Makallé.
(3) Ayant eu des difficultés avec les autres chefs du Tigré, Mesciascia Workié abandonna sa résidence d'Adoua vers la fin de l'année 1891 pour aller se réfugier auprès des Italiens et gagner ensuite le Choa. Le gouvernement de l'Okulé-Kusai resta entre les mains de Bath Agos, sous la haute surveillance de l'Italie, et celui du Saraë fut réparti entre les différents chefs locaux que dirigeait le résident italien de Godofelassi.
(4) Au début de l'année 1890, les Beni-Amer, jusqu'alors placés seulement sous le protectorat de l'Italie, avaient fait leur soumission d'une manière complète et définitive.

Avec deux compagnies indigènes, le capitaine italien Fara marcha contre les mahdistes, et, le 27 juin, parvint à les écraser complètement. Il occupa Agordat, qui fut fortifié et devint ainsi le poste avancé de la colonie, du côté du Soudan. Les Italiens confièrent le commandement de cette petite place au vieil Ali Nurin, le chef du Sabderat (1), que les Derviches avaient chassé de sa résidence.

Démêlés de l'Italie avec Ménélik à propos de la question des frontières et du protectorat.

Lorsque Ménélik était arrivé, le 25 février 1890, à Makallé, il avait ratifié la convention additionnelle souscrite par le ras Makonnen, mais en faisant observer, à propos de l'article 3, en vertu duquel les frontières de la colonie devaient être déterminées par l'occupation effective au 1er octobre, qu'à cette époque les troupes italiennes n'avaient pas dépassé Asmara ; toutefois, après de longues discussions, il avait consenti à céder tout l'Hamasen, mais en refusant catégoriquement d'accepter, comme limite de la colonie de l'Érythrée, la ligne Mareb —Belesa—Mouna.

Conformément aux dispositions de l'article 3 du traité, il avait nommé des délégués qui, de concert avec les représentants de l'Italie, devaient procéder à la délimitation des frontières, mais les instructions précises données par l'Empereur ne permirent pas d'aboutir à un accord ; et, dès le 23 mars 1890, les négociations à ce sujet furent définitivement rompues.

Une autre question, de la plus grande importance, vint bientôt troubler profondément les relations entre Ménélik et le Gouvernement italien.

Le traité d'Ucciali avait été rédigé en italien et en

---

(1) Contrée voisine de Kassala.

langue amharique ; mais les deux textes, au lieu d'être rigoureusement identiques, présentaient, à l'article XVII, une divergence, ne reposant que sur un mot, dont les conséquences étaient capitales pour l'Empereur d'Éthiopie.

L'article XVII, en langue italienne, s'exprimait ainsi : « S. M. le Roi des Rois d'Éthiopie *consent* à se servir du « Gouvernement de S. M. le Roi d'Italie pour toutes les « affaires qu'il aurait à traiter avec d'autres puissances « ou gouvernements » ; tandis que le texte écrit en langue amharique et conservé par Ménélik, portait : « Le Roi des Rois d'Éthiopie *peut* traiter toutes les « affaires avec les royaumes étrangers, en se servant de « l'aide de l'Italie ».

La version italienne impliquait le protectorat, en imposant à l'Empereur d'Éthiopie l'obligation d'user de l'intermédiaire de l'Italie dans ses rapports avec les autres puissances.

Le Négus, qui avait en sa possession l'exemplaire en langue amharique, ne se douta pas tout d'abord de l'interprétation donnée par l'Italie au traité d'Ucciali.

Les procédés différents dont il se sert pour transmettre ses premiers actes diplomatiques, témoignent de son ignorance à ce sujet.

C'est ainsi que, le 14 décembre 1889, il communique, officiellement et sans intermédiaire, la nouvelle de son avènement à l'Empereur d'Allemagne et au Président de la République française. D'autre part, le 4 mars 1890, il écrit à Rome au Président du Conseil pour lui demander de le faire représenter, par le Gouvernement italien, à la conférence de Bruxelles. Il finit cependant par s'apercevoir de la situation qui lui était faite par l'Italie, et, sous le coup d'une vive irritation, il envoie deux lettres au Roi Humbert pour lui exprimer ses doléances :

« Lion vainqueur de la tribu de Juda, Ménélik II, élu « du Seigneur, Roi des Rois d'Éthiopie, à notre ami et

« frère Sa Majesté le Roi Humbert Ier, Roi d'Italie. —
« Salut (1) !

« Ayant envoyé, à l'occasion de la fête de mon cou-
« ronnement, la nouvelle de mon avènement au trône
« aux puissances amies de l'Europe, j'ai trouvé dans
« leurs réponses quelque chose d'humiliant pour mon
« royaume. Le motif provient de l'article XVII du traité
« d'Ucciali du 25 mazzia 1881. Ayant étudié de nouveau
« ledit article, nous avons constaté que le contenu en
« langue amharique et la traduction en italien ne sont
« pas conformes.

« Quand j'ai fait ce traité pour l'amitié de l'Italie, pour
« que nos secrets soient gardés et que nos affaires ne
« soient pas compromises, j'ai dit qu'en amitié nos
« affaires en Europe pouvaient être traitées avec l'aide
« du royaume d'Italie, mais je n'ai fait aucun traité qui
« m'y oblige.

« Qu'une puissance indépendante ne recherche pas le
« secours d'une autre, si ce n'est en amitié, Votre Majesté
« le comprend bien.

« Du reste, veuillez bien porter votre attention sur
« l'article XIX du traité d'Ucciali du 25 mazzia 1881,
« dans lequel il est stipulé que, pour pouvoir servir de
« témoignage, les textes des deux langues doivent être
« exactement conformes.

« L'article XVII dit que je *peux* me servir de l'intermé-
« diaire de l'Italie, mais il ne dit pas que *je consens* à
« me servir de l'Italie dans toutes les affaires que j'aurai
« à traiter avec l'Europe.

« Quand, en causant avec le comte Antonelli, au
« moment de la stipulation de ce traité, je l'ai interrogé
« bien sérieusement et qu'il m'a répondu : « Si cela vous

---

(1) Les lettres de Ménélik sont reproduites en français dans le Livre Vert présenté au Parlement italien le 14 avril 1891. Leur rédaction a été conservée.

« convient, vous pouvez vous servir de notre intermé-
« diaire ; sinon, vous êtes libre de vous en dispenser »,
« je lui dis : « Du moment que c'est à titre d'amitié,
« pourquoi me servirais-je d'autres gens pour mes rela-
« tions? » Mais je n'ai accepté, à cette époque, aucun
« engagement obligatoire, et, encore aujourd'hui, je ne
« suis pas homme à l'accepter, et vous, également, vous
« ne me direz pas de l'accepter.

« A présent, j'espère que, pour l'honneur de votre
« ami, vous voudrez bien faire rectifier l'erreur commise
« dans l'article XVII et faire part de cette erreur aux
« puissances amies, auxquelles vous aviez fait commu-
« nication dudit article.

« Je prie Dieu de vous accorder une longue vie et de
« préserver notre amitié de tout trouble.

« Fait à Antotto, le 19 nahassié, l'an 1882 de la Misé-
« ricorde. »

(Parvenu à Rome, sous pli fermé, le 13 octobre 1890.)

Dans l'autre lettre, adressée le même jour au Roi d'Italie, Ménélik aborde la question de la délimitation des frontières :

« Quand j'ai envoyé le ras Makonnen avec le comte
« Antonelli, c'était dans l'espoir que le traité, que le
« comte m'avait apporté et qui a été cacheté devant moi,
« serait terminé tel qu'il fut emporté, mais non pas qu'il
« en serait ajouté un autre. Quand, au retour de Ma-
« konnen, j'ai vu qu'il y avait un traité supplémentaire,
« préférant votre amitié, j'ai accepté beaucoup d'articles
« qui ne sont pas avantageux pour notre pays. »

Plus loin, il s'exprime ainsi :

« Si Votre Majesté veut bien prendre en considération
« l'article 3 du traité supplémentaire passé entre le ras
« Makonnen et le ministre Crispi, vous trouverez qu'à
« la date où ils ont signé cette convention le pavillon de
« l'Italie n'avait pas été porté au delà d'Asmara. . . . .
. . . .

« Malgré les plaintes des grands d'Éthiopie et des pro-
« priétaires héréditaires du Tigré, j'ai ajouté jusqu'à
« Scichet (1). »

Dès la réception de ces lettres, le Président du Conseil envoya des instructions au résident général en Éthiopie ; il l'invitait à insister auprès de Ménélik pour qu'il acceptât comme limite la ligne du Mareb, et à faire en sorte que les concessions éventuelles sur la question des frontières fussent compensées par l'acceptation de l'article XVII, tel qu'il est écrit dans le texte italien. Enfin, il recommandait de ne faire usage de l'argument relatif à la possibilité d'introduire des modifications au traité d'Ucciali au bout de cinq années, qu'après avoir épuisé tous les autres moyens d'action.

De son côté, le Roi d'Italie répondit, le 28 octobre 1890, aux lettres de plaintes de Ménélik, en lui faisant savoir que le Gouvernement italien avait délégué auprès de lui le comte Antonelli avec pleins pouvoirs pour régler les deux affaires en litige.

Le 17 décembre, le diplomate italien arrivait, en effet, auprès de Ménélik à Adis-Abeba. Il était porteur d'un projet de tracé, rapidement élaboré de concert avec le général Gandolfi, qui englobait dans les confins de la colonie italienne : Saganeiti, Gura et Addi-Baro.

Les négociations furent longues et pénibles ; au bout de deux mois de pourparlers, la question des confins paraissait réglée conformément aux propositions du général Gandolfi, sauf toutefois en ce qui concerne le point de Gura, lorsque Ménélik fit connaître sa décision au sujet du protectorat : il réclamait le maintien de l'article XVII, tel qu'il était rédigé dans le texte amharique, ou sa suppression pure et simple.

Le comte Antonelli demanda alors l'avis du Gouverne-

---

(1) Localité située sur le Mareb, au point où la route d'Asmara à Addi-Baro franchit cette rivière.

ment, en exprimant qu'il jugeait opportun d'abroger l'article controversé et d'attendre une époque plus favorable pour reprendre les négociations.

Les incidents qui vont suivre et qui amenèrent la rupture définitive des relations entre Ménélik et le représentant de l'Italie, ne ressortent que d'une manière assez confuse des documents diplomatiques insérés dans le Livre vert du 14 avril 1891.

Voici, au sujet du différend, les deux versions exposées par les personnages mêmes qui en ont été les acteurs :

Le comte Antonelli, dans son mémoire du 26 mars 1891, rapporte que l'Empereur d'Éthiopie, après avoir fait connaître la détermination catégorique mentionnée plus haut, se ravisa et proposa de laisser intacte dans les deux textes la rédaction de l'article XVII ; Ménélik soumit en outre à son approbation un projet de lettre au Roi Humbert, dans lequel il manifestait l'intention de traiter à l'avenir par l'entremise de l'Italie toutes les affaires avec les puissances européennes.

Mandé dans la matinée du 6 février auprès du Négus, Antonelli signa, à la requête de ce souverain : 1° une convention relative aux confins, rédigée en italien et en langue amharique ; 2° un accord écrit seulement en amharique, stipulant, croyait-il, le maintien de l'article XVII, tel qu'il figurait dans les deux textes du traité d'Ucciali.

Le Négus lui remit à ce moment une lettre destinée au Roi d'Italie et rédigée dans cette même langue.

Le diplomate italien prétend qu'après avoir fait traduire ces dernières pièces, il s'aperçut que, contrairement aux dispositions arrêtées verbalement avec Ménélik, elles mentionnaient toutes deux l'abrogation de l'article XVII.

Il alla aussitôt trouver le Négus pour lui adresser des reproches, et, enlevant sur l'acte relatif à l'article XVII la place où il avait apposé son cachet et sa signature, il déclara que ce document n'avait plus de valeur, et réclama, mais en vain, l'autre exemplaire que Ménélik détenait. Il demanda alors à l'Empereur d'Éthiopie de lui donner son congé, et, le 11 février, quitta la résidence du souverain avec les représentants de l'Italie, Salimbeni et Traversi, puis gagna le port de Zeila par la voie du Harrar.

Ménélik, de son côté, dans une longue lettre adressée au Roi d'Italie, le jour même du départ du comte Antonelli, formule de la manière suivante ses griefs et ses réclamations :

« J'ai stipulé que, pour le bien-être de mon pays et
« pour que toutes mes affaires ne subissent pas de re-
« tard, j'avais la faculté de me servir du concours du
« Gouvernement italien ; j'ai constaté qu'il avait été écrit
« contre moi, sous ce rapport, en langue italienne, ce qui
« n'était point écrit en amharique. »

Le Négus cite alors la réponse ci-après du comte Antonelli à sa demande d'explications : « Maintenant
« nous avons déjà communiqué cet article à toutes les
« puissances ; le Gouvernement ne peut renoncer à une
« affaire déjà notifiée ; si vous ne voulez pas l'accepter,
« il nous est impossible de reprendre notre parole à
« l'égard des puissances. »

Le récit de l'entretien se termine par ces mots de protestation prononcés par le Négus :

« Mais si vous me dites : C'est impossible, il n'y a qu'à
« accepter bon gré mal gré ce qui est dans le texte ita-
« lien, ma réponse est celle-ci : Je ne puis accepter une
« pareille proposition. »

Continuant son exposé, l'Empereur d'Éthiopie raconte qu'il proposa alors, soit de conserver le texte amharique, soit d'annuler l'article XVII dans les deux traités ; mais que le comte Antonelli n'ayant pas voulu prendre sur lui de consentir à cette modification, des lettres furent adressées au Roi Humbert ; Ménélik ajoute que, sans attendre la réponse du Roi d'Italie, il signa, à l'instigation du comte, une déclaration portant abrogation de l'article contesté (1).

« Nous avions terminé la question de cette manière, « écrit-il, en apposant tous deux notre sceau, quand, sans « me demander mon opinion, le comte déchira le papier « revêtu des cachets. » Suivant Ménélik, le comte Antonelli aurait déclaré à ce moment qu'il avait accepté le maintien des deux rédactions de l'article XVII, mais qu'il n'avait pas consenti à annuler ledit article.

« S'il en était ainsi, aurait objecté le monarque abys- « sin, n'accepterais-je pas précisément l'article que j'ai « refusé et, de plus, n'annulerais-je pas de la sorte l'ar- « ticle XIX du traité ? »

Le Négus manifeste néanmoins à la fin de sa lettre le désir de traiter par l'intermédiaire de l'Italie ses affaires avec l'étranger, mais il prétend toutefois conserver sa liberté d'action et son indépendance.

Le Gouvernement italien ne répondit pas à cette communication et cessa tout rapport avec l'Empereur d'Éthiopie.

---

(1) Cette pièce, annexée à la lettre de Ménélik, est ainsi conçue :

DÉCLARATION.
(*Cachet impérial.*)

Lion vainqueur de la tribu de Juda, Ménélik II, élu du Seigneur, Roi des Rois d'Éthiopie.

Étant tombés d'accord avec le comte Pietro Antonelli, venu de la part du Gouvernement italien, chargé de pleins pouvoirs, nous nous sommes entendus et nous avons décidé d'abandonner le texte de l'article XVII écrit en langues amharique et italienne, article qui faisait partie du traité conclu entre l'Éthiopie et l'Italie au campement d'Ucciali, le 25 Mazzia 1881, et nous avons annulé ledit article d'un commun accord.

Écrit dans la ville d'Adis-Abeba, le 29 Ter, l'an 1883 de la Miséricorde.
PIETRO ANTONELLI.

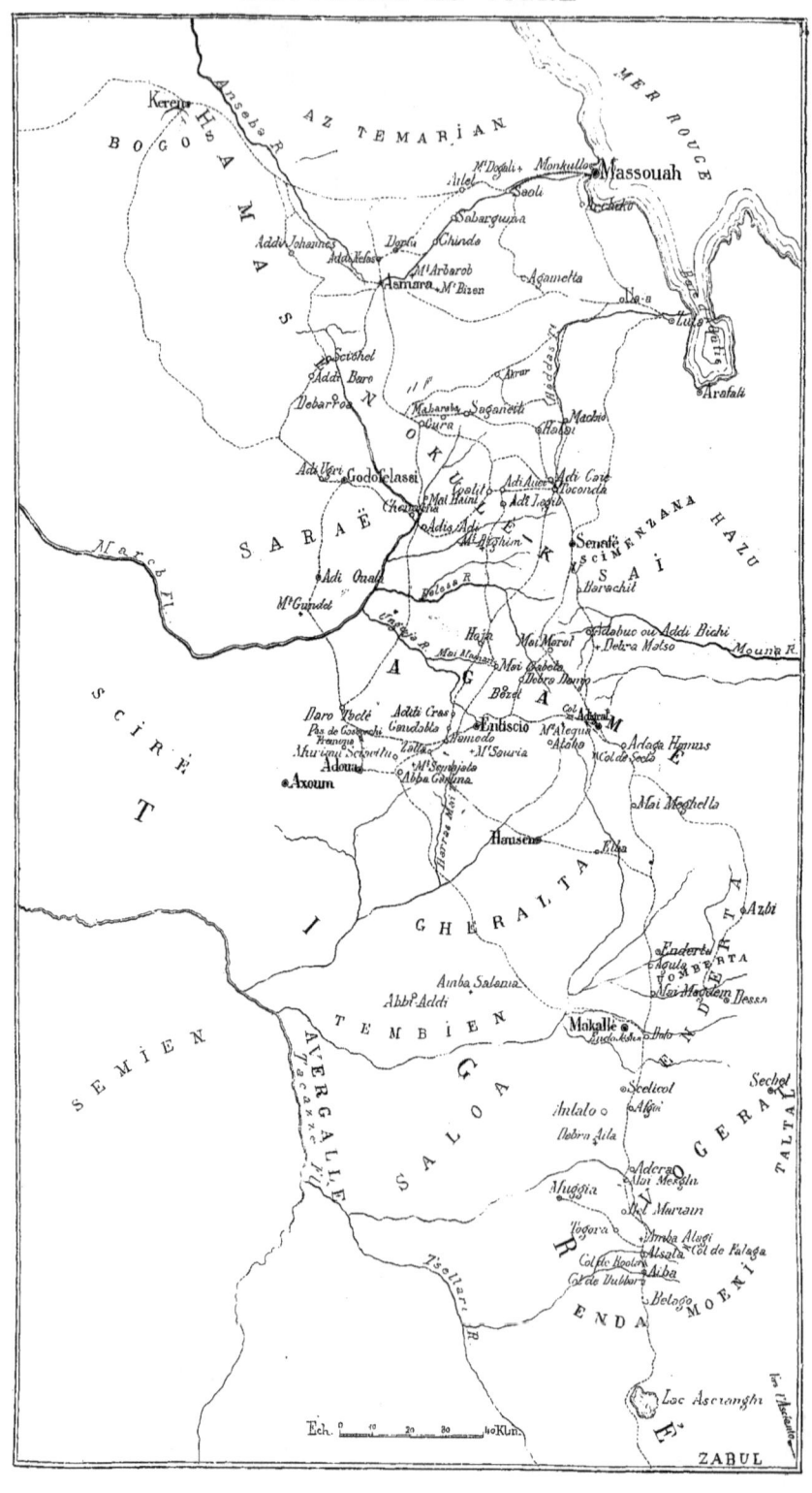
ÉRYTHRÉE ET TIGRÉ

III

OCCUPATION DE KASSALA ET DU TIGRÉ.

Entrevue du Mareb. — Le général Baratieri, Gouverneur de l'Érythrée. — Bataille d'Agordat. — Prise de Kassala. — Reconnaissance de Meluia. — Révolte de Bath Agos. — Préparatifs d'une expédition contre Mangascia. — Batailles de Sénafé et de Coatit. — Occupation d'Adigrat, de Makallé et d'Adoua. — Poursuite de Mangascia. — Arrivée des premiers renforts envoyés par le Négus au ras Mangascia. — Engagement de Debra-Aila. — Opérations des Italiens au Sud de Makallé. — Réunion de l'armée choane près du lac Ascianghi. — Combat d'Amba-Alagi. — Combat d'Adera. — Concentration des forces italiennes à Adigrat.

Les relations officielles entre Ménélik et le Gouvernement italien se trouvaient définitivement rompues, mais il s'écoula encore plusieurs années avant qu'un conflit armé n'éclatât entre l'Italie et l'Empereur d'Éthiopie.

Pendant cette période, le Négus persistera constamment dans son refus de reconnaître le protectorat de l'Italie et ne cessera de protester contre l'extension donnée par cette puissance au domaine colonial dont le traité d'Ucciali et la convention additionnelle avaient fixé les limites. Néanmoins, sur tous les autres points de ces mêmes accords, il se considérera comme lié à l'égard de l'Italie; par suite, il attendra, pour dénoncer ses engagements, l'échéance stipulée à l'article XVI du traité d'Ucciali et ne se mettra en mesure de faire valoir ses droits, les armes à la main, qu'à l'expiration des cinq années pendant lesquelles cet acte ne pouvait être modifié; encore prendra-t-il soin, au préalable, de rembourser intégralement l'emprunt contracté par lui dans la péninsule.

L'Italie, de son côté, pour faire échec à Ménélik, va prêter l'oreille aux propositions du ras Mangascia et chercher à s'en concilier les bonnes grâces ; mais cette liaison ne sera qu'éphémère. Bientôt, en effet, le chef du Tigré deviendra suspect au Gouverneur de l'Érythrée qui, lui supposant des intentions hostiles, entamera tout à coup contre lui une série d'opérations militaires dont le premier résultat sera la conquête de nouvelles provinces. L'Italie annexera ainsi successivement l'Agamé, le Sciré, l'Enderta, le Tembien, le Saloa, le Vogerat et enfin l'Enda Moeni (1). Le Négus Ménélik entrera alors en scène à la tête de toutes les forces de son empire, formant une imposante armée, pour porter secours à son vassal Mangascia et pour reconquérir les territoires qu'il revendique.

Entrevue du Mareb. — Bataille d'Agordat.

Le ras Mangascia, informé du désaccord survenu entre le Gouvernement italien et Ménélik, écrivit le 6 août 1891 au roi Humbert pour solliciter son amitié. Sa demande fut bien accueillie, et le docteur Nerazzini reçut la mission d'organiser une réunion des chefs du Tigré avec le Gouverneur de la colonie sur la rive droite du Mareb. L'entrevue, fixée primitivement au 28 novembre 1891, fut remise au 6 décembre suivant, à cause de la lutte engagée entre Sebath, le *scium* (2) de l'Agamé et le ras Mangascia, lutte qui se termina par la soumission de Sebath.

Mangascia, Agos et les chefs inférieurs du Tigré vinrent au rendez-vous ; seul, le ras Aloula, redoutant les rancunes des Italiens à l'occasion de l'affaire de Dogali,

---

(1) La frontière de l'Érythrée se trouvait ainsi reportée à 260 kilomètres au Sud d'Halai, le village le plus méridional dont la cession à l'Italie ait été stipulée par les traités.

(2) Chef.

s'abstint d'y paraître. Une convention écrite fut signée par le Gouverneur de la colonie et les chefs présents : elle avait pour base l'établissement de rapports de bon voisinage entre l'Érythrée et le Tigré, sous la réserve de ne pas porter atteinte aux droits et au prestige de l'Empereur d'Éthiopie.

Au début de l'année 1892, l'état de guerre cessa en Afrique, et le gouvernement de l'Érythrée passa en de nouvelles mains : le colonel Oreste Baratieri remplaça le général Gandolfi, rappelé en Italie sur sa demande, et profita de la tranquillité relative de la colonie pour procéder à la réorganisation des forces militaires auxquelles un décret assigna la composition suivante :

1 bataillon de chasseurs à 6 compagnies (Italiens) ;
4 bataillons d'infanterie à 4 compagnies (indigènes) ;
2 escadrons de cavalerie (indigènes) ;
2 batteries de montagne à 4 pièces (indigènes) ;
1 compagnie de canonniers (mixte) ;
différents services.

L'effectif total était de 6,561 hommes, dont 2,115 Italiens et 4,416 indigènes.

L'organisation civile de la colonie fut améliorée, le territoire réparti en régions pour faciliter la perception d'un impôt annuel, enfin, des résidents politiques italiens installés à demeure dans les principales localités.

Le commencement de l'année 1893 fut marqué par un fait important. Le Négus, voyant qu'il ne parvenait pas à faire adopter par l'Italie son interprétation du traité d'Ucciali, prit le parti de le dénoncer (11 mai), aussitôt qu'il se trouva dans les conditions prévues par l'article XVI ; le Cabinet de Rome répondit que le traité, étant sans limite de durée, pouvait être modifié d'un commun accord, mais non pas dénoncé. Les choses en restèrent là pour le moment.

A la fin de la même année, les troupes italiennes eurent de nouveau à faire face du côté du Soudan. Depuis l'occupation d'Agordat, au mois de juillet 1890, les Derviches s'étaient tenus relativement tranquilles. Une fois seulement, un petit groupe de fanatiques, sortis de Kassala, s'était avancé jusqu'au plateau de Serobeiti, à 100 kilomètres environ d'Agordat, pour y opérer une razzia ; il avait été complètement dispersé, le 16 juin 1892, par le capitaine Hidalgo, à la tête de sa compagnie indigène et des bandes du Barka. Au mois de décembre 1893, on apprit qu'un parti important de mahdistes marchait sur Agordat avec l'intention de pousser jusqu'à Keren et d'envahir l'Érythrée. En l'absence du Gouverneur de la colonie, promu général au mois de juillet et momentanément en congé dans la péninsule, le colonel Arimondi se hâta de concentrer à Agordat toutes les forces qu'il avait sous la main, soit :

 7 compagnies indigènes ;
 2 batteries de montagne ;
 2 escadrons de cavalerie ;

en tout 2,000 hommes, auxquelles s'étaient jointes les bandes indigènes au service de l'Italie, qui se trouvaient à proximité.

Le corps des Derviches, fort de 10,000 fusils et de 4,000 lances, vint camper, le 21 décembre 1893, au Nord d'Agordat. Présumant que l'ennemi tenterait, de nuit, un mouvement tournant pour le déborder, le colonel Arimondi se décida à l'attaquer avec toutes ses forces. Après deux heures d'un combat acharné, les mahdistes furent mis en déroute et repassèrent le Barka en laissant plus d'un millier de morts sur le champ de bataille.

Les pertes, du côté italien, avaient été sensibles : 3 officiers et 1 sous-officier tués, 2 officiers blessés. Les ascaris comptaient 98 morts et 123 blessés.

A la suite de ce fait d'armes, le colonel Arimondi fut promu major général.

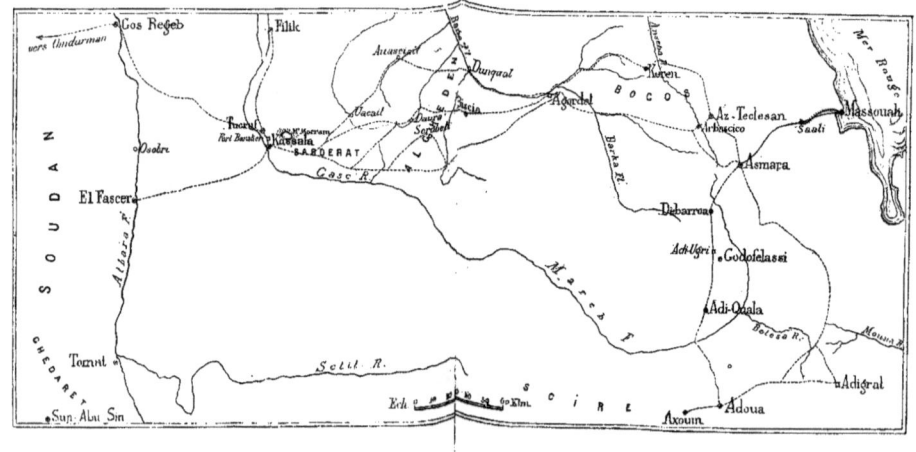

ÉRYTHRÉE SEPTENTRIONALE

(RÉGION COMPRISE ENTRE MASSOUAH ET KASSALA)

Prise de Kassala. — Reconnaissance de Meluia.

Le général Baratieri, de retour en Érythrée, consacra les premiers mois de l'année 1894 à organiser la milice mobile indigène ; puis il entreprit, dans le plus grand secret, la préparation d'une expédition contre les Derviches. Son intention était de les chasser de Kassala et de s'installer solidement sur la base même de leurs opérations.

Venu de Keren à Agordat, au commencement de juillet, sous prétexte d'inspecter les travaux en cours d'exécution, il apprit que les forces mahdistes, réunies à Kassala, étaient encore peu importantes : elles se composaient de 2,600 combattants avec 600 cavaliers et un millier de fantassins armés de la lance. Il jugea par suite le moment favorable pour tenter une action militaire vers l'Ouest. Sa ligne de marche était suffisamment pourvue d'eau ; l'organisation d'Agordat comme base d'opérations provisoire était terminée ; des magasins de vivres, des dépôts de munitions y avaient été installés ; enfin, la situation générale était assez calme pour permettre, sans danger, la concentration de la majeure partie des forces de la colonie sur un point excentrique du territoire.

En conséquence, le 12 juillet, le général Baratieri, secondé par le général Arimondi, réunit à Agordat une colonne expéditionnaire composée de :

- 3 bataillons d'infanterie indigène ;
- 1 section d'artillerie de montagne ;
- 1 escadron de cavalerie ;
- détachements italiens des services de santé, des étapes et du télégraphe.

Son effectif comportait :

- 56 officiers et 41 hommes de troupe italiens ;
- 16 sous-lieutenants indigènes et 2,510 ascaris ;
- 146 chevaux, 248 mules et mulets, 183 chameaux.

Le petit corps italien, parti le 13 d'Agordat, arriva le même jour à Dunquat ; le 14, il était à Auasciait; le 15, aux puits de Uacait ; le 16, dans les gorges du Sabdevat, et le 17, dès l'aube, il débouchait devant Kassala, sans avoir rencontré aucune troupe de Derviches.

Vers 6 heures du matin, cependant, la cavalerie mahdiste ayant été signalée sur la droite de la colonne, l'avant-garde d'un côté, le gros de l'arrière-garde de l'autre, se formèrent en deux carrés dont la cavalerie et l'artillerie occupèrent le centre ; la marche continua dans cet ordre jusque vers 7 heures. A ce moment, les cavaliers mahdistes firent une démonstration contre le flanc gauche de l'avant-garde ; l'infanterie les repoussa par son feu, tandis que l'escadron débouchait pour les charger.

Les contingents derviches se rangèrent alors en bataille, pour tenir tête aux Italiens, pendant que les vieillards, les femmes et les enfants, emmenant avec eux les bestiaux, évacuaient en toute hâte le campement.

La colonne du général Baratieri continua à progresser jusqu'à 400 mètres des lignes ennemies ; parvenu à cette distance, le major Hidalgo, qui commandait l'avant-garde, déploya son bataillon et ouvrit le feu contre les Derviches qui ripostèrent par une fusillade nourrie, mais mal dirigée ; il fit encore un bond en avant d'une centaine de mètres et, ayant été renforcé par deux compagnies du gros, il se porta à l'attaque du camp mahdiste, où il pénétra sur les talons de l'ennemi ; après une courte résistance derrière les *tukuls* (1) et les murs de terre, les Derviches s'éloignèrent vers l'Ouest.

Le corps principal s'était avancé pendant ce temps jusqu'à l'emplacement du marché, situé entre le campement mahdiste et la cité égyptienne ; vers 10 heures, les six compagnies qui avaient exécuté l'attaque vinrent l'y

---

(1) Cabanes en torchis.

rejoindre ; elles avaient 9 hommes tués et 32 blessés.

Le corps expéditionnaire s'installa dans la ville et un bataillon fut lancé à la poursuite des fuyards, dont les traces se dirigeaient vers l'Atbara, mais se perdaient bientôt dans un terrain marécageux ; après trois jours de recherches inutiles, le détachement rentra à Kassala.

Aussitôt maître de la ville, le général Baratieri fit commencer la construction d'un fort dont la *maison de Munzinger* (1) était destinée à former le réduit central. L'ouvrage devait avoir 200 mètres de long et être protégé par un réseau de fils de fer ; un puits abondant, existant au centre de ce rectangle, assurait l'alimentation en eau.

Le Gouverneur resta jusqu'au 23 juillet à Kassala, pour régler les conditions de l'occupation définitive (2). Il laissa, comme garnison dans la place, un bataillon d'infanterie et une section de deux pièces d'artillerie, soit en tout 1000 hommes environ, abondamment pourvus de munitions et possédant un approvisionnement de vivres pour trois mois. Enfin, il prescrivit que les communications entre Algordat et Kassala auraient lieu par la voie de Daura et le pays des Algheden, région montagneuse qui se trouve, pendant la saison des pluies, à l'abri des inondations du Barka.

Vers le commencement de novembre, les informateurs

---

(1) Vaste et solide édifice, où était installée une filature de coton, à l'époque de la prospérité de la cité égyptienne.

(2) La ville de Kassala fut construite en 1840, par les Égyptiens, pour servir de place d'armes contre les Abyssins et entourée, en 1861, d'un mur avec tours flanquantes précédé par un large fossé. Elle atteignit son plus grand développement vers 1881. A cette époque, sa population dépassait 25,000 âmes. L'occupation des Derviches, en 1885, ruina complètement la cité égyptienne, dont toutes les constructions de pierre furent saccagées.

Kassala est le nœud des grandes voies qui font communiquer le Soudan avec l'Abyssinie et avec la côte de la mer Rouge.

du poste de Kassala signalèrent la présence, le long de l'Atbara, de quelques partis de cavalerie mahdiste et annoncèrent la marche prochaine sur Osobri et Gos-Regeb de masses importantes en voie de concentration à Omdurman et dans le Ghedaref, ainsi que la réunion, aux environs d'El Fascer, sous les ordres d'Osman Digma, des guerriers qui avaient combattu à Kassala. Ces nouvelles déterminèrent le commandement italien à envoyer une reconnaissance dans la direction de l'Atbara, avec mission de surveiller les mouvements des Derviches du côté d'El Fascer et de détruire les approvisionnements qu'ils avaient accumulés dans cette localité.

Une colonne, commandée par le major Turitto et forte de 550 fusils et de 2 pièces de canon, franchit en conséquence le Mareb, le 17 novembre 1894; après avoir traversé une région sablonneuse et déserte, elle arriva, vers 10 heures du matin, à Meluia, à mi-chemin de l'Atbara, où elle s'installa, en halte gardée, pour prendre quelques heures de repos avant de continuer sa marche.

Pendant ce stationnement, les postes de sûreté furent bousculés à l'improviste par un groupe d'une quarantaine de cavaliers qui vinrent jeter l'alarme dans le détachement italien. Les ascaris coururent aux armes et firent pendant quelques instants une fusillade désordonnée ; mais bientôt les compagnies furent formées en bon ordre et, par leur tir, mirent en fuite les cavaliers mahdistes. C'étaient des hommes de Darfour, dont l'arrivée récente à El Faser indiquait que la concentration des Derviches était en cours d'exécution. En présence de cette situation, le major Turitto jugea plus prudent de regagner immédiatement Kassala, où il arriva le même jour, à 7 heures du soir, après avoir parcouru 70 kilomètres en 12 heures.

Révolte de Bath Agos.

Bien que la possession de Kassala mît la colonie italienne à l'abri d'une surprise du côté du Soudan, les mouvements récents des Derviches inspirèrent de l'inquiétude au Gouverneur de l'Érythrée, qui résolut d'organiser contre eux une nouvelle expédition militaire et accepta, dans ce but, la coopération que lui proposa Mangascia : le ras Agos, vassal de celui-ci, devait, avec une forte colonne de troupes du Sciré, marcher contre Tomat par la rive droite du Setit, afin de menacer de flanc le corps des Derviches que l'on supposait en voie de formation aux environs d'El Fascer, pendant que les Italiens l'attaqueraient de front.

Depuis l'entrevue du Mareb, l'attitude déférente de Mangascia et des chefs du Tigré à l'égard de l'Italie ne s'était pas modifiée, mais un rapprochement entre Ménélik et son ancien rival avait éveillé la méfiance du général Baratieri. Mangascia, mandé en effet par le Négus, s'était rendu avec Aloula, à Boru-Mieda, auprès de son souverain, qui l'avait reçu d'une manière somptueuse (2 juin 1894). L'objet de cette réunion ne fut jamais connu. On suppose que Ménélik et Mangascia y jetèrent les bases d'une entente en vue de réaliser le rêve du feu roi Johannès : « L'Abyssinie aux Abyssins ». Quoi qu'il en soit, le ras Aloula ne revint pas dans le Tigré et séjourna depuis lors à la Cour choane.

Mangascia, cependant, à son retour comme à son départ, avait écrit au Gouverneur pour lui renouveler ses protestations de sincère amitié. Informé de la prise de Kassala, il lui avait adressé ses félicitations, et lui avait promis, comme on vient de le voir, son concours contre les Derviches. Enfin, il avait accueilli avec empressement le lieutenant italien, résident politique du Saraë, qui était allé le trouver à la fin d'août pour régler les conditions de l'action commune au Soudan. Néanmoins, le général Baratieri suspecta encore davantage les intentions de Mangascia, lorsqu'il le vit rassembler des guerriers dans l'Entiscio. Avant même d'avoir pu vérifier si ses soupçons étaient fondés, la révolte de Bath Agos, qui gouvernait pour le compte de l'Italie la province de l'Okulé-Kusai, vint encore fixer son attention du côté des confins méridionaux de la colonie.

Le Gouverneur était occupé à ravitailler Kassala en vivres et en munitions, en prévision de la campagne prochaine contre les mahdistes, lorsqu'il apprit la rupture de la ligne télégraphique de Saganeiti et l'abandon par les soldats de Bath Agos des postes dont ils avaient la garde; il télégraphia aussitôt au major Toselli, qui se trouvait à Asmara avec trois compagnies d'ascaris, de marcher de suite sur Saganeiti. Peu après, le résident italien de cette localité était arrêté par Bath Agos, qui faisait battre le *chitet* (1) et se retranchait dans Saganeiti. Le général Baratieri se transporta à Asmara, où il opéra une rapide concentration en appelant aux armes la milice mobile; en même temps, il envoya, comme renforts, au détachement du major Toselli, les garnisons de Ghinda et d'Archiko.

Parti d'Asmara le 11 décembre 1894, le major Toselli arriva dans la soirée à Maharaba après une longue étape et entama de suite avec Bath Agos des négociations pour obtenir la mise en liberté du résident italien; les pourparlers traînèrent en longueur et permirent à trois nouvelles compagnies et à une batterie de montagne de venir, le 17, se joindre à la colonne du major Toselli, dont l'effectif fut porté alors à environ 1500 hommes.

Le 18 au matin, le commandant italien se disposait à se porter à l'attaque de Saganeiti, lorsqu'il constata

---

(1) Tambour de guerre dont on fait usage en Abyssinie pour appeler aux armes tous les hommes valides.

la disparition de son adversaire : celui-ci, laissant des postes d'observation afin de masquer sa retraite, avait évacué la ville et s'était dirigé, avec les 1600 hommes de sa bande, dans la direction d'Halai, pour soulever le pays des Assaortins et probablement aussi pour surprendre la compagnie indigène qui tenait garnison dans cette localité. Le capitaine de cette compagnie, à la nouvelle de la rébellion de Bath Agos, avait abandonné le fortin d'Halai, où il se sentait trop isolé, pour aller prendre position sur une hauteur voisine d'où l'on pouvait apercevoir Maharaba et Saganeiti ; puis, le lendemain 18, il était retourné, sans motif plausible, à Halai.

Le 19, Bath Agos vint s'installer devant le village et commença des négociations que le capitaine italien fit durer pendant toute la matinée. Vers midi, aucun accord n'ayant pu s'établir, le chef rebelle ouvrit le feu contre le retranchement. A 4 h. 30, il était maître de l'église, d'où il donnait ses ordres et dirigeait le combat ; ses partisans avaient occupé le camp des ascaris, ainsi que le fossé du fortin auquel ils se disposaient à donner l'assaut, lorsqu'une vive fusillade se fit entendre sur les derrières de l'assaillant : c'était l'avant-garde de la colonne Toselli qui arrivait au secours de la compagnie d'Halai. Surpris par cette attaque inopinée, Bath Agos n'en fit pas moins exécuter, avec une grande habileté, un changement de front à toutes ses forces qu'il réussit à déployer en une longue ligne de bataille en travers de la route de Saganeiti. Menaçant alors le flanc gauche du détachement italien, il obligea le major Toselli à engager en peu de temps ses quatre compagnies de tête. La compagnie d'Halai résistant toujours dans le fortin, le combat resta stationnaire pendant près d'une heure, jusqu'au moment où une section de la batterie d'artillerie, débouchant au trot sur le théâtre de la lutte, vint prolonger à gauche l'infanterie italienne et canonner la deuxième ligne de résistance que Bath Agos tentait d'organiser sur la route d'Akrur. Le major Toselli fit prononcer un mouvement en avant pour couper la retraite à son adversaire sur Machio et Akrur; mais un brouillard très épais et l'arrivée de la nuit interrompirent bientôt le combat.

Les soldats de Bath Agos, qui avait été tué d'un coup de feu, se dispersèrent en petits groupes et disparurent de l'Okulé-Kusai. Le pays se soumit sans difficulté. Dans cette affaire, les Italiens avaient eu 11 ascaris tués et 22 blessés.

Préparatifs d'une expédition contre Mangascia.

Sur la rive gauche du Mareb, on continuait à appeler aux armes les habitants, et le nombre des guerriers qui se rassemblaient vers la Belesa allait toujours grossissant. Le général Baratieri, déjà prévenu contre Mangascia, crut voir dans cette concentration non pas les préparatifs de l'expédition contre les Derviches, mais la menace d'une action offensive contre la colonie. Il enjoignit alors au ras Mangascia d'avoir à licencier les forces en voie d'organisation sur le Mareb, et à exécuter sa promesse d'envoyer sur Tomat le corps de ras Agos ; n'ayant pas reçu de réponse immédiatement et pensant avoir découvert les projets secrets de son allié, il résolut de marcher contre lui sans autre avertissement.

Laissant à la garde de la crête du Mareb la bande du Saraë, forte d'environ 400 fusils, le Gouverneur concentra, près du fort d'Adi-Ugri, toutes les troupes dont il pouvait disposer, soit 3,500 hommes ainsi répartis :

2 compagnies du 2ᵉ bataillon indigène et 3 compagnies de milice mobile (major Hidalgo)..	1000 hommes.
Le 1ᵉʳ bataillon indigène, à 5 compagnies (major Galliano).	900 —
Le 4ᵉ bataillon indigène et 1 compagnie de milice mobile (major Toselli).	1200 —

La batterie de montagne...................	
1 peloton de cavalerie....	400 hommes.
La garnison d'Adi-Ugri...................	

Son plan était de se porter directement sur Adoua pour empêcher la jonction des troupes du ras Agos et du ras Mangascia, respectivement campées dans le Sciré et dans l'Entiscio, puis, une fois maître de ce point d'appui, de manœuvrer contre l'un ou l'autre de ses adversaires, de manière à les écraser isolément. Le 26 décembre 1894, le corps expéditionnaire était réuni à Adi-Quala; le 27, le Gouverneur en prenait le commandement en chef et se dirigeait vers le Mareb en se faisant précéder par la bande du Saraë. Pour garder sa ligne de retraite, il laissait à Gundet une centaine d'hommes des bandes indigènes; le 28, la colonne atteignit le Pas de Gascorchi (à 2,021 mètres d'altitude), qui donne accès par le Nord dans la conque d'Adoua.

Le général Baratieri fit alors répandre dans le pays des manifestes annonçant que les Italiens venaient à Adoua non pas pour faire la guerre aux chrétiens, mais, au contraire, pour les protéger et pour « imposer par la force la paix à Mangascia et autres chefs qui, comme lui, avaient manqué au serment solennel fait sur le Mareb ».

En arrivant dans Adoua, les Italiens trouvèrent la ville presque déserte : les hommes valides étaient partis pour le camp de Mangascia, la plupart des autres s'étaient enfuis à l'approche des troupes. La colonne alla camper sur les hauteurs, au Sud et au Sud-Est d'Adoua, dans une situation qui lui permettait de faire face soit du côté d'Axoum, soit du côté de Gandafta.

Dans la matinée du 29, le Gouverneur reçut le clergé des églises d'Adoua et d'Axoum qui venait lui offrir sa médiation; il déclina cette proposition en lui renouvelant l'assurance de ses intentions pacifiques.

Le bruit s'étant répandu que Mangascia allait marcher sur Adoua, le général Baratieri transporta son camp dans la soirée sur la hauteur de Fremona, au centre de la conque.

Le 30 au matin fut apportée au quartier général la lettre de Mangascia, par laquelle le ras répondait à l'ultimatum du Gouverneur, envoyé précédemment d'Asmara : il protestait de sa constante amitié et déclarait qu'il aurait licencié ses troupes s'il n'eût craint une agression des Derviches contre les possessions italiennes.

Le 31, les informateurs annoncèrent que le ras Agos, défilant au Sud d'Adoua, avait rejoint Mangascia et que ce dernier se disposait à marcher vers le torrent d'Unguja et la courbe du Mareb.

La situation se trouvait modifiée : les chefs tigrins avaient opéré leur jonction et le mouvement projeté par eux menaçait directement la ligne de communications des Italiens. Le général Baratieri prit alors le parti de se replier, car une action offensive contre Mangascia par Gandafta lui parut trop dangereuse : il craignait de s'éloigner outre mesure de sa base d'opérations et de compromettre la majeure partie des forces disponibles de la colonie. La retraite sur Adi-Quala commença le 1er janvier 1895 ; les bandes indigènes furent laissées sur la crête du Mareb, et le bataillon du major Hidalgo détaché dans la direction d'Adis-Adi. Le 3, la colonne était de retour à Adi-Ugri.

Batailles de Coatit et de Sénafé.

Après avoir été passer quelques jours à Asmara, pour s'occuper des affaires de la colonie, le Gouverneur revint à Adi-Ugri, où il apprit que Mangascia concentrait des forces importantes sur le Mai-Maman, à l'extrémité septentrionale de l'Entiscio et que des détachements tigrins se trouvaient à Hoja et sur le torrent d'Unguja, vers la courbe du Mareb. Le 9, le général italien, appelant à lui le bataillon du major Hidalgo et les bandes du Saraë, se transporta avec toutes ses forces sur les hauteurs de Chenafena, rive droite du Mareb. Le service d'informations lui apprit, le 10, que Mangascia s'était avancé jusqu'à Hoja; le 11, que son armée était arrivée à la Belesa et que, le lendemain, elle devait franchir cette rivière pour pénétrer dans l'Okulé-Kusai, en se dirigeant sur le mont Dighim.

Le général Baratieri résolut alors de devancer son adversaire à Coatit; le 12 au matin il fit franchir le Mareb à toute sa colonne, et, laissant à Adis-Adi le bataillon du major Hidalgo pour le couvrir vers le Sud-Est, il marcha sur Coatit qu'il trouva inoccupé. Le major Toselli, qui commandait le bataillon d'avant-garde, lui fit prendre position au Nord-Est et à l'Est du village. Le reste du détachement s'installa pour la nuit, sur la place de l'église. Pendant ce temps, la longue colonne de Mangascia avait continué à cheminer et s'était arrêtée à la fin de la journée à proximité d'Adi-Legib, à 6 kilomètres environ de Coatit.

Le 13 janvier, avant l'aube, le bataillon Galliano vint se déployer à la gauche du bataillon Toselli. Le bataillon Hidalgo était maintenu en réserve derrière le centre de la ligne, qui se mit en mouvement un peu avant 6 heures du matin : les troupes italiennes devaient exécuter une légère conversion à droite, en prenant comme point de direction un tertre en forme de cône, qu'on apercevait très distinctement en avant du camp de Mangascia.

Au lever du soleil, la batterie ouvrit le feu à la distance de 1900 mètres.

Les Tigrins se déployèrent en groupes nombreux et commencèrent à progresser en appliquant leur tactique habituelle : ils rampaient dans les fossés, se cachaient derrière les arbustes et les rochers, se découvrant pour tirer, puis se dissimulant de nouveau.

L'infanterie italienne, de son côté, était parvenue jusqu'au tertre; mais par suite de la configuration du terrain et de l'extension de la première ligne, l'aile marchante où se trouvaient les bandes du Saraë avait peu à peu obliqué en laissant à découvert, sur la gauche, le village d'Adi-Auei. L'action était engagée sur tout le front lorsque les Italiens aperçurent, en arrière des premières troupes abyssines, une forte colonne qui, hors d'atteinte des projectiles, évoluait de manière à tourner leur flanc gauche. Le général Baratieri prescrivit aussitôt aux bandes du Saraë de faire face à gauche, et au major Galliano, de se diriger avec toutes les forces disponibles de la réserve, vers les hauteurs d'Adi-Auei, pour s'opposer au mouvement débordant des Tigrins.

A la droite, les bataillons Hidalgo et Toselli, quoique serrés de près, résistaient toujours, alternant les feux de salve avec les charges à la baïonnette; une compagnie de milice mobile avait été ramenée en deuxième ligne pour reconstituer une réserve. La batterie dirigeait avec efficacité son tir sur les formations les plus compactes de l'armée de Mangascia.

A l'aile gauche, le major Galliano s'était établi, avec trois compagnies de son bataillon, à cheval sur les sentiers qui conduisent à Adi-Auei; il avait été soutenu par une compagnie du 2e bataillon (Hidalgo), mais il n'avait pu arrêter la colonne abyssine dont l'objectif paraissait être Coatit; aussi, se sentant prêt d'être débordé, il demandait des renforts avec insistance. Le général Baratieri prit alors ses dispositions pour défendre le village, où de nombreux approvisionnements avaient été accumulés et où l'on avait installé le dépôt de blessés : il envoya au Nord de Coatit la batterie d'artillerie et, sous le feu de l'adversaire, fit exécuter aux bataillons Hidalgo et Toselli un changement de front vers le Nord-Est, en prescrivant de faire appuyer de la droite vers la gauche celles de leurs compagnies qui n'étaient pas engagées et de retirer successivement les autres du combat pour les porter sur le flanc menacé.

Sur les hauteurs, au Nord de Coatit, les masses de l'assaillant devenaient de plus en plus denses; des groupes de guerriers abyssins s'approchaient des lignes italiennes, en utilisant les couverts, et, surgissant à l'improviste, exécutaient des attaques partielles. Les Italiens répondaient à peine au feu nourri et continu des troupes tigrines, parce que les cartouches commençaient à manquer. La caravane de munitions était restée, en effet, à Adis-Adi. La batterie économisait ses projectiles et tirait seulement quelques coups lorsque les bandes de Mangascia prononçaient un mouvement offensif.

Le combat se prolongea ainsi jusqu'au soir, sans épisode marquant. Mangascia demeura sur ses positions, où il se ravitailla pendant la nuit. Les Italiens restèrent maîtres de Coatit, mais ils ne disposaient plus, comme munitions d'artillerie, que de 16 coups par pièce et de 16 boîtes à mitraille.

Le 14, au matin, les Tigrins ouvrirent un feu très vif, à grande distance, contre le détachement italien : ils occupaient la hauteur qui domine au Nord Coatit et s'y étaient couverts, en divers points, par des retranchements.

L'engagement prit la même tournure que la veille. Mangascia continuait à rassembler des forces importantes en arrière des hauteurs pour agir contre le flanc gauche de son adversaire, et à lancer sur Coatit des colonnes d'assaut que les Italiens parvenaient à repousser par le feu de la batterie et les salves de l'infanterie. Sur l'ordre du général Baratieri, les troupes réservaient, d'ailleurs, leurs munitions pour ces moments critiques.

Vers midi, les Tigrins exécutèrent une attaque générale : des troupes nombreuses, prenant le flanc gauche des Italiens comme objectif, descendirent des hauteurs pendant que sur la droite ras Agos, le chef du Sciré, se portait également en avant avec ses bandes. Menacés de toutes parts, les Italiens firent donner leurs réserves et soutinrent le choc sans faiblir. La fusillade de l'ennemi diminua ensuite d'intensité ; toutefois, le général Baratieri renonça, ce jour-là, à tenter un retour offensif, afin de ne pas s'engager à fond avant d'avoir reçu ses colonnes de ravitaillement. Les troupes de Mangascia se replièrent peu à peu et, dans la soirée, on apprit au quartier général italien qu'elles s'étaient éloignées dans la direction du Sud-Est.

Le 15 janvier, dès l'aube, le général Baratieri se mit en marche vers le Scimenzana à la poursuite de Mangascia. Il se dirigea d'abord sur Adi-Auei, puis gagna Toconda, où il apprit que le chef du Tigré venait de passer et faisait route avec son armée vers Sénafé.

La colonne italienne, après quelques heures de repos, s'engagea sur les traces des Tigrins et atteignit Sénafé vers la fin de la journée ; l'avant-garde alla alors occuper une position dominante d'où elle découvrit le camp de Mangascia ; la batterie se déploya et ouvrit le feu à 2,600 mètres, mais un brouillard épais rendit bientôt le tir impossible. L'infanterie italienne ne se hasarda pas sur un terrain qui lui parut dangereux et toute l'action se borna à une canonnade de courte durée ; elle suffit à provoquer la retraite de Mangascia, qui évacua son camp pendant la nuit et dispersa ses forces vers l'Agamé (1).

Le général Baratieri ne lança pas ses troupes à la poursuite des Tigrins ; il chargea de ce soin Agos Uold Tafari, prétendant à la seigneurie de l'Agamé, qui était venu la veille se mettre, avec ses partisans, aux ordres du Gouverneur de l'Érythrée. Après lui avoir fait prêter solennellement serment de fidélité, il l'engagea à occuper

---

(1) L'Agamé, dont le chef-lieu est Adigrat, était gouverné par le scium Tesfai Antalo, que Mangascia avait placé à la tête de cette province du Tigré après qu'il eut fait emprisonner Sebath, précédemment chef du pays, dont il suspectait les intentions.

la province qu'il convoitait et lui promit l'appui moral de l'Italie.

Le 18 janvier, le général Baratieri se retira avec ses troupes sur Asmara où il licencia, le 23, la milice mobile ; il avait laissé une compagnie indigène en chacun des points d'Adis-Adi et d'Adi-Caié, et deux compagnies indigènes à Sénafé, aux ordres du major Galliano, avec mission d'appuyer éventuellement les opérations d'Agos Tafari. En outre, pour protéger la colonie vers le Sud, il avait ordonné la construction d'un fort à Saganeiti et de deux fortins à Adi-Caié et à Mai-Haini.

Sur les 3,500 hommes engagés à Coatit du côté italien, il n'y avait que 65 officiers et 42 hommes de troupe blancs, tout le reste était composé d'indigènes, la plupart ascaris réguliers. Pendant ces deux journées, 3 officiers, 2 sous-officiers, 90 ascaris avaient été tués, 227 ascaris blessés. D'après les documents trouvés dans le camp de Mangascia, les forces tigrines s'élevaient à 14,000 hommes armés de fusils et à 4,000 guerriers environ pourvus d'un bouclier, d'un sabre ou d'une lance.

A la suite de cette campagne, le général Baratieri fut promu lieutenant-général, et le Gouvernement italien ordonna l'envoi en Érythrée d'une batterie de montagne et de deux bataillons de renfort qui prirent le nom de 1er *et* 2e *bataillons d'infanterie d'Afrique ;* le bataillon blanc, existant déjà dans la colonie, continua à être dénommé *bataillon de chasseurs*.

Occupation d'Adigrat, de Makallé et d'Adoua. Poursuite de Mangascia.

Les Italiens consacrèrent les premiers mois de l'année 1895 à l'organisation de leurs nouvelles possessions. Le fort de Saganeiti, destiné à deux compagnies de chasseurs, fut achevé et pourvu de vivres pour un effectif bien supérieur à sa garnison ; il reçut, en outre, un approvisionnement de 300,000 cartouches à balistite. Le fort d'Adi-Ugri fut complété et doté de 500,000 cartouches; dans les autres ouvrages, on aligna à 400 coups par pièce les munitions d'artillerie, et on y installa des dépôts de vivres. Le major Toselli organisa l'Okulé-Kusai, en divisant le pays en un grand nombre de petits districts; il y forma quatre bandes de 50 fusils chacune dont les chefs n'étaient détenteurs en temps de paix que de dix de ces armes, les quarante autres étant conservées par le commandement italien.

Après avoir abandonné Sénafé, le ras Mangascia, accompagné de Tesfai Antalo, du ras Agos et de quelques partisans fidèles, avait gagné, par Adigrat, la région du Tembien; il continua à y appeler les guerriers aux armes, puis il se rendit, au commencement de février, dans le Gheralta, pendant que le ras Agos retournait dans le Sciré. Le 13 février, il envoya au quartier général italien un ambassadeur, porteur de deux lettres destinées, l'une au Gouverneur, l'autre au roi Humbert, dans lesquelles il attribuait à une intervention diabolique les événements qui avaient amené l'effusion du sang chrétien, et concluait en demandant le rétablissement des rapports de bonne amitié, tels qu'ils existaient antérieurement. Le général Baratieri fit répondre qu'il ne pouvait recevoir les propositions du ras tant que celui-ci n'aurait pas licencié les hommes armés réunis dans le Tembien et ne serait pas venu de sa personne à Adoua. Les négociations n'aboutirent pas et Mangascia, se rendant à Hausen, réussit à grouper autour de lui 4,000 guerriers environ. Vers le milieu du mois de mars, il s'avança à une étape au Nord de cette ville, puis, brusquement, il retourna dans le Gheralta. Ces mouvements du ras étaient vraisemblablement provoqués par la non-arrivée des renforts qu'il attendait du Choa.

A la suite des combats de Coatit et de Sénafé, Mangascia avait en effet combiné avec Ménélik un plan de campagne contre l'Érythrée; mais, comme la mobilisation et la concentration des forces du vaste empire d'Éthiopie exigeaient beaucoup de temps et ne pouvaient, d'ailleurs, commencer qu'après la saison des pluies (1), le Négus n'avait été en mesure d'envoyer à Mangascia que de faibles secours. Il avait cependant fait appeler le ras Aloula et, lui confiant des fusils et des munitions, l'avait chargé de réunir tous les Tigrins qui se trouvaient dans le Choa et de marcher vers le Lasta.

Agos Tafari, après l'affaire de Sénafé, était allé s'installer dans l'Agamé et le gouvernait, depuis cette époque, pour le compte de l'Italie; il avait battu le chitet et rassemblé un millier de guerriers auxquels étaient venus se joindre de nombreux partisans de l'ancien chef du pays, Tesfai Antalo. Vers le mois de mars 1895, le général Baratieri résolut cependant d'occuper Adigrat avec des troupes régulières; il jugeait nécessaire de tenir solidement le chef-lieu de l'Agamé, pour couvrir le flanc gauche des nouveaux confins de l'Érythrée. Nœud de communications entre Massaouah et l'Abyssinie, Adoua et la mer, cette localité pouvait, en outre, être appelée à jouer un rôle stratégique important dans les opérations militaires qui paraissaient imminentes.

Le Gouverneur, laissant à Keren le général Arimondi, pour opérer sur la ligne Agordat—Kassala et faire face éventuellement aux attaques des Derviches, concentra à Sénafé un petit corps expéditionnaire, fort d'environ 4,200 fusils, qui, sous les ordres du lieutenant-colonel Pianava, devait se porter sur Adigrat. Sa composition était la suivante :

---

(1) La saison des pluies règne, en Abyssinie, du commencement de juin à la fin de septembre.

3° bataillon indigène (major Galliano) ;
4° bataillon indigène (major Toselli) ;
5° bataillon indigène (major Ameglio) ;
1 compagnie de chasseurs (italiens) (1) ;
1 batterie de montagne ;
1 peloton de cavalerie ;
les bandes à la solde de l'Italie.

Le 24 mars, le détachement coucha à Mai-Marat ; le 25, Agos Tafari vint avec ses bandes au-devant des Italiens et les accompagna jusqu'au chef-lieu de l'Agamé, où ils arrivèrent dans la soirée ; la population leur fit bon accueil.

Le 26, le général Baratieri fit partir d'Adigrat, à la recherche de Mangascia dont on lui signalait le déplacement du Tembien vers le lac Ascianghi, une colonne volante composée du 5° bataillon indigène, d'une section d'artillerie, des bandes à la solde de l'Italie, soit 1800 hommes environ, auxquels il adjoignit les 2,000 guerriers d'Agos Tafari. Le lieutenant-colonel Pianava qui commandait le détachement, se dirigea vers l'Uomberta et, parvenu près de la rivière d'Agula, il aperçut les feux de bivouac de l'arrière-garde de Mangascia ; mais il ne put atteindre le ras qui, à l'approche des Italiens, s'éloigna dans la direction de Sechet ; le 27, le commandant de la colonne détacha Agos Tafari pour continuer la poursuite et se rendit avec ses troupes à Makallé, où il s'installa dans la résidence (2) même de Mangascia : il publia aussitôt un *auage* (3) pour rassurer la population, puis, avec le 5° bataillon et la section d'artillerie, il se mit

---

(1) Par suite de considérations d'ordre moral, on désirait, en Italie, que les troupes blanches stationnées en Érythrée prissent également part aux opérations actives des colonnes mobiles, composées exclusivement jusqu'alors d'éléments indigènes.

(2) Vaste château de pierre, d'un aspect grandiose, construit jadis par un Italien pour le roi Johannès.

(3) Proclamation.

en marche vers Adoua où il devait rallier le Gouverneur, venant d'Adigrat.

Le chef d'état-major Salsa restait à Makallé avec les bandes du Saraë et de l'Okulé-Kusai, pour installer, à la tête du chef-lieu de l'Enderta, Agos Tafari. Celui-ci était rentré le 30 mars dans la ville, après avoir eu une petite rencontre avec l'arrière-garde du ras Mangascia, qui s'était retiré chez les Danakils, dans la région déserte du Taltal.

Sur sa route, le lieutenant-colonel Pianava trouva l'Amba Salama occupé par le dégiac Destà et quelques hommes. Sommé de se rendre, le dégiac refusa tout d'abord, mais, après avoir supporté un bombardement, il finit par capituler ; 48 canons en mauvais état, plusieurs centaines de fusils et d'abondantes munitions qui se trouvaient sur l'*Amba* (1) tombèrent entre les mains des Italiens.

L'arrivée à Adoua du détachement Pianava et de la colonne du général Baratieri (12 avril), composée du 3ᵉ bataillon indigène (major Galliano), d'une section d'artillerie de montagne et d'un peloton de cavalerie, répandit de nouveau la terreur parmi les habitants, qui s'enfuirent en grand nombre dans la campagne ; pour les rassurer, le Gouverneur fit interdire aux ascaris l'entrée de la ville et publier un auage promettant le pardon à tous ceux qui se présenteraient aux autorités italiennes avant Pâques ; néanmoins les populations répondirent avec peu d'empressement à ces avances. Après avoir été visiter Axoum, la cité sainte, où il fut reçu avec les plus grands honneurs par le clergé, le Gouverneur ramena à Asmara, par Godofelassi et Adi-Ugri, le gros du corps expéditionnaire.

---

(1) Le mot d'*Amba* sert à désigner en Abyssinie des sommets montagneux en forme de table et à flancs escarpés. Ces sommets constituent de véritables forteresses naturelles.

Il laissa dans la capitale du Tigré le major Ameglio avec le 5ᵉ bataillon indigène, une section d'artillerie et 200 fusils des bandes du Saraë.

A Adigrat, la garnison fixe restait composée du 4ᵉ bataillon indigène, d'une section d'artillerie de montagne, d'une section du génie, soit 1300 hommes environ, aux ordres du major Toselli : le réseau télégraphique avait été poussé jusqu'à ce poste avancé et la compagnie de chasseurs italiens procédait avec activité à la construction du fort. Agos Tafari, de son côté, abandonnant Makallé, s'était rapproché du chef-lieu de l'Agamé et était venu camper, avec sa bande, dans les monts Alequa.

Arrivée des premiers renforts envoyés par le Négus au ras Mangascia. — Engagement de Debra-Aila.

Mangascia, pendant ce temps, ne cessait de réunir des guerriers ; du Taltal, il se rendait dans le Tembien, puis dans le Sud de l'Enderta ; secondé par son allié Tesfai Antalo, il faisait préparer de grands dépôts de vivres et interdisait l'envoi, sur Adoua et Adigrat, de tous les produits du pays.

Quant au ras Aloula, à la tête de 3,000 Tigrins, il s'était mis en mouvement aux premiers jours de mai sur la route jalonnée par Adis-Abeba, Antotto, Boru-Mieda, lac Ascianghi, Antallo, Makallé.

D'autre part, l'armée de Ménélik commençait à se concentrer, mais avec lenteur. A la fin de mai, le Négus se trouvait à Boru-Mieda ; il avait réuni autour de lui les principaux contingents de ses États, commandés par le ras Olié (1), le ras Makonnen (2), le ras Mikaël (3),

---

(1) Gouverneur de l'Amhara et frère de la reine Taïtu, épouse de Ménélik.
(2) Gouverneur du Harrar.
(3) Gouverneur des Wollo-Gallas.

le ras Mangascia Atichim, de l'Amhara, le Woskscium Borru, de Sokota (1). Il avait chargé le ras Darghié (2) de garder le Choa. A l'Ouest, le dégiac Ghéséra, du Semien, devait surveiller les confins du Tacazzé et constituer une réserve. Enfin, le roi du Godjam avait reçu l'ordre de rassembler ses soldats et de se tenir prêt à répondre au premier appel.

Sur ces entrefaites, Agos Tafari s'étant avancé avec une partie de sa bande dans l'Uomberta, fut attaqué, sans succès d'ailleurs, par Tesfai Antalo, qu'il repoussa avant l'arrivée de Mangascia, accouru au secours de son allié.

Les relations italiennes déclarent qu'à ce moment de nombreux chefs, encore hésitants, se rangèrent spontanément sous la bannière de l'Italie. Ces soumissions partielles divisèrent profondément le pays et donnèrent lieu à des rivalités et à des luttes qui n'eurent, du reste, qu'une influence très secondaire sur le cours des événements.

La mauvaise saison vint suspendre les opérations; pendant cette période, en effet, les principaux fleuves de l'Éthiopie ne sont plus guéables, et des pluies diluviennes rendent les sentiers impraticables. Le Gouverneur de l'Érythrée utilisa ce temps d'arrêt obligatoire pour organiser le fonctionnement des services civils et militaires dans les provinces nouvellement annexées au Sud de la ligne Mareb—Belesa. Le 12 juin, le major Toselli réunit à Adigrat les chefs des régions soumises à l'Italie et les investit solennellement, au nom du Gouvernement, des droits et des grades qui leur étaient concédés. Le 22 juin, le major Ameglio opéra de même à Adoua. Dans chacune de ces localités, 3,000 hommes armés se mirent à la disposition du commandant italien.

---

(1) Chef du Lasta, que le Négus fit bientôt après enchaîner, à cause de ses intelligences avec les Italiens.

(2) Oncle de Ménélik.

Dans les premiers jours de juillet, l'avant-garde de secours envoyée à Mangascia atteignit le camp du ras, mais l'arrivée du gros de l'armée de Ménélik n'était annoncée que pour le Mascal ou fête de la Croix (26 ou 27 septembre). Le chef du Tigré se transporta alors avec toutes ses forces à Debra-Aila, près d'Antalo, d'où il fit une tentative pour enlever le Tembien aux dégiacs Tesfai Derros et Marid, investis du gouvernement de ces provinces pour le compte de l'Italie.

Vers la fin de septembre, le général Baratieri, rentrant d'un congé passé en Italie, se rendit à Adigrat pour y prendre les dispositions nécessitées par la situation devenue, du côté du Sud, de plus en plus menaçante. La saison des pluies était terminée, et Mangascia, avec les renforts qu'il avait reçus, pouvait, d'un moment à l'autre, envahir les territoires occupés par les Italiens. Comme, d'autre part, les nouvelles de Kassala étaient rassurantes pour les Italiens, le Gouverneur se proposa de diriger tous ses efforts contre le ras, afin de le repousser au delà du Tsellari avant l'arrivée d'autres troupes choanes. En conséquence, il disposa en rideau, sur tout son front, les bandes indigènes, pour dissimuler sa concentration, et il organisa, à Adigrat, un camp d'observation dont la constitution, à la date du 4 octobre, était la suivante .

> Le bataillon de chasseurs italiens;
> les 1er, 2e, 3e et 6e bataillons indigènes;
> la 2e batterie indigène;
> des détachements d'artillerie et du génie.

En outre, il appela aux armes la milice mobile, qui fut formée en plusieurs compagnies, dont la force totale s'éleva à 1600 hommes; elle fut chargée de tenir garnison dans les postes évacués par les troupes envoyées en première ligne.

Le 7 octobre, le Gouverneur mit en marche l'avant-garde, commandée par le major Toselli; elle comprenait le 4ᵉ bataillon indigène, 1 section d'artillerie et 600 hommes de bandes; le 8, il partit lui-même à la tête de la colonne principale, ainsi formée :

- 4 bataillons indigènes;
- le bataillon de chasseurs;
- 2 batteries de montagne;
- détachements de sapeurs du génie, de télégraphistes, etc.

L'itinéraire adopté était le sentier qui, par Makallé et Antalo, réunit Adigrat au lac Ascianghi, en suivant la ligne de partage des eaux.

En outre, le général Baratieri avait appelé à lui les troupes d'Adoua (6ᵉ bataillon indigène aux ordres du major Ameglio et bandes du Saraè) qui vinrent le rejoindre au cours de la première étape.

Le 8 au soir, le bivouac était établi à une journée de marche d'Antalo. Le 9 octobre, vers 11 heures du matin, le gros de la colonne arrivait dans cette localité, où s'était arrêtée l'avant-garde de la colonne principale.

Le major Toselli avait, en obliquant avec son détachement, débordé la droite des Tigrins; il reçut l'ordre de s'établir sur leur ligne de retraite pendant que le 5ᵉ bataillon, soutenu par une batterie, se portait à l'attaque de la hauteur de Debra-Aila, où Mangascia avait laissé une arrière-garde de 1300 hommes environ pour couvrir sa retraite vers le lac Ascianghi, premier objectif des forces abyssines concentrées à Boru-Mieda et point de rassemblement général de l'armée choane.

Après avoir fait canonner les crêtes et exécuter par son bataillon un feu rapide très court, le major Ameglio le lança à l'assaut pendant que le général Baratieri le faisait soutenir par un bataillon indigène et par le bataillon de chasseurs. Les ascaris délogèrent facilement les gens de Mangascia, qui ne leur opposèrent pas une grande résistance et se replièrent en laissant une vingtaine de morts sur le champ de bataille. Les Italiens eurent 11 hommes tués et une trentaine de blessés, tous indigènes.

Les jours suivants, l'avant-garde italienne continua son mouvement vers le Sud, dans un pays évacué par les Tigrins. Le 13 octobre, le général Arimondi, avec 3 bataillons et une batterie de montagne, se rendit à Amba-Alagi pour délivrer le ras Sebath, ami des Italiens et précédemment seigneur de l'Agamé, que Mangascia y retenait prisonnier.

Ses gardiens s'étant enfuis à l'arrivée de la colonne, Sebath se trouva en liberté et alla se présenter au Gouverneur. Celui-ci le nomma chef de l'Enderta et confirma en même temps, dans le commandement de l'Enda-Moeni, le dégiac Ali, déjà chef de cette province.

Opérations des Italiens au Sud de Makallé. — Réunion de l'armée choane près du lac Ascianghi.

Le 16 octobre, le général Arimondi reçut le gouvernement du territoire au Sud de la ligne Mareb—Belesa—Mouna, ainsi que le commandement des troupes et des services qui s'y trouvaient détachés.

Il disposait des forces suivantes :

3 bataillons indigènes (3ᵉ, 4ᵉ et 5ᵒ)......	3,750 fusils.
1 bataillon de chasseurs (italiens)........	600 —
1 batterie de 6 pièces de montagne, les bandes d'Adoua et d'Adigrat..........	2,000 —

Le général Arimondi, après avoir passé quelques jours à Antallo et à Makallé, où l'on venait de terminer le fort d'Enda-Jésus, construit par ordre du Gouverneur sur une hauteur dominant la plaine et la ville, établit son quartier général à Adigrat, d'où il fit partir des colonnes mobiles « pour réprimer le brigandage et affirmer l'auto- « rité de l'Italie ».

C'est ainsi que, vers le 15 novembre, il détacha à Amba-Alagi la compagnie Persico, du 3ᵉ bataillon indigène ; que, le 24 du même mois, il envoya de Makallé le major Toselli avec trois compagnies de son bataillon (4ᵉ indigène), 4 pièces de montagne et les bandes du ras Sebath, parcourir le Saloa et l'Enda-Moeni.

Le major Toselli s'avança jusqu'à Belego ; ses informateurs reconnurent la présence, à proximité du lac Ascianghi, d'une partie de l'armée éthiopienne, composée des corps des ras Mangascia, Olié, Aloula, Mikaël, Darghié et Maï Sciambuco ; à ce moment, on supposait que Ménélik et Makonnen se trouvaient encore dans le Sud, à Wuoro-Ailù (1). Le major, en rendant compte le 27 novembre de cette situation, manifestait l'intention de manœuvrer dans la montagne pour arrêter la marche des contingents abyssins.

Cet état de choses n'inquiéta pas le Gouverneur, ainsi qu'en témoigne sa lettre du 30 novembre au général Arimondi : « En deux journées de marche, disait-il, vous
« pouvez avoir à Makallé, dans une position excellente,
« sous la protection du fort et avec une ligne d'opéra-
« tions bien gardée, 16 compagnies régulières et la bat-
« terie, c'est-à-dire 4,500 réguliers, plus les bandes de
« l'Agamé, du Tigré, du Saraë, de l'Okulé-Kusai, de
« l'Enderta et de l'Enda-Moeni. Cette force me paraît
« suffisante pour résister à toute attaque, quand bien
« même toutes les bandes d'Aloula, de Mikaël, d'Olié,
« de Mangascia, de Mangascia Atichim, de Guangul et
« de tout autre partisan oseraient s'avancer contre
« vous. »

Cependant le général Baratieri mit trois compagnies du 6ᵉ bataillon à la disposition du général Arimondi et ordonna la concentration à Adigrat du 1ᵉʳ bataillon indigène de Keren, des 6ᵉ, 7ᵉ et 8ᵉ bataillons indigènes, de la 2ᵉ batterie de montagne et du bataillon de milice mobile de Keren et d'Asmara.

Le même jour, le général Arimondi, transmettant au major Toselli les instructions du Gouverneur, ajoutait

---

(1) A 215 kilomètres environ au Sud du lac Ascianghi.

comme conclusion : « **Je vous laisse la faculté de vous
« maintenir encore à Belego**, ou, suivant les circon-
« stances, de vous replier au pied de l'Amba Alagi. »
De son côté, il préparait, pour le 5 décembre, le rassemblement à Makallé, de 14 compagnies et des bandes
indigènes.

Le 1er décembre, le major Toselli se retira à Atsala,
d'où il télégraphia, à la date du 2, que les forces des
Choans étaient considérables ; il énumérait de nouveau
les noms des chefs abyssins qui se trouvaient au lac
Ascianghi, en citant parmi eux le ras Makonnen ; il ajoutait que, suivant ses informations, le Négus Ménélik
allait s'avancer avec rapidité et que, le lendemain, l'armée
du lac Ascianghi devait se mettre en mouvement. Le 4,
en effet, il y eut échange de coups de fusils dans la plaine
d'Atsala.

En transmettant ces nouvelles au Gouverneur, le général Arimondi lui fit savoir que, l'attaque de l'ennemi
lui paraissant imminente, il avait annoncé au major Toselli son intention de se porter en soutien de son détachement avec six compagnies et une section d'artillerie ;
le général Baratieri lui répondit que la concentration des
troupes italiennes n'étant pas terminée, il ne fallait pas
s'éloigner de Makallé pour éviter de diviser les forces et
que, d'autre part, le major Toselli devait conserver le
contact tant qu'il pourrait, puis se replier avec la plus
grande lenteur possible.

Le 6, dès le matin, le général Arimondi écrivit au
major Toselli ces nouveaux ordres du Gouverneur, mais
sa lettre ne devait pas être remise au commandant italien.

Pendant les jours précédents, le major Toselli avait
reçu plusieurs lettres de Makonnen lui demandant une
entrevue ; il s'était contenté de répondre au ras d'avoir
à formuler au préalable des propositions fermes et de
reculer vers le lac Ascianghi, au lieu de marcher en
avant. Le 5, Makonnen avait encore écrit pour annoncer

l'arrivée à Ascianghi du Négus Ménélik et déclarer que, faute de réponse, il commencerait, dès le lendemain, son mouvement. Toselli lui fit dire que le Gouverneur avait déjà fait connaître ses conditions et que, s'il s'avançait avec son armée, il aurait à combattre.

Cependant le général Arimondi, informé par le major Toselli de la présence des Choans à Dubbar et de la probabilité d'une attaque pour le 7, avait obtenu du Gouverneur l'autorisation de se porter, avec toutes ses forces disponibles jusqu'à Afgol, afin de pouvoir recueillir, s'il était nécessaire, l'avant-garde italienne. Laissant deux compagnies dans le fort de Makallé, il partit dans la nuit du 6 décembre avec six compagnies indigènes, une section d'artillerie de montagne et la bande du dégiac Fanta : au total, 1500 hommes environ. Il envoya au major Toselli avis de son mouvement, ainsi que de l'emplacement où il comptait s'établir le 7 ; mais sa dépêche ne parvint pas à destination.

Arrivé dans la matinée du 7 à Afgol, le général Arimondi y apprit, d'une manière très vague, qu'on se battait depuis le matin à Amba-Alagi. Après un court repos, il continua, en conséquence, sa marche sur Adera, forte position difficilement accessible par le Sud, dominant toute la plaine du Mai-Mesghi, où convergent les chemins venant d'Alagi et ceux qui contournent, à l'Est et à l'Ouest, le massif montagneux.

A quatre heures, la colonne avait dépassé la hauteur d'Adera, et les premières dispositions pour l'occupation de la position venaient d'être données, lorsque les événements se précipitèrent.

« Coup sur coup, dit le général dans son rapport du
« 13 décembre 1895, je reçus deux bulletins du major
« Toselli (écrits à 8 h. 1/2 et 9 heures du matin) annon-
« çant que l'ennemi venait de prononcer contre lui une
« attaque qu'il jugeait très sérieuse. Par le moyen de
« ces mêmes émissaires, j'essayai de lui faire parvenir

« un duplicata de l'avis que je lui avais envoyé, pour lui
« annoncer que je me trouvais à Adera et que je l'y
« attendais.

« Dans la plaine de Maï-Mesghi, apparurent bientôt
« des groupes d'ennemis, d'instant en instant plus nom-
« breux, qui débouchaient du vallon d'Alagi et des
« vallées latérales. »

Combat d'Amba-Alagi.

C'était l'avant-garde de l'armée choane qui venait d'écraser à Amba-Alagi la colonne du major Toselli et poursuivait son mouvement vers le Nord.

Ainsi qu'il l'avait prévu, le major Toselli avait été attaqué, dans la matinée du 7 décembre, par l'armée choane. Après une résistance désespérée, la plus grande partie de la colonne italienne avait été massacrée et le major lui-même avait été tué.

Les quelques hommes qui purent échapper aux Choans furent réunis par le lieutenant Bodrero, un des rares officiers survivants, qui les ramena vers le Nord. Les détails de ce combat ne sont guère connus que par le rapport de cet officier, qu'il paraît intéressant de citer en entier :

« J'ai l'honneur de rendre compte à Votre Excellence
« des événements de la journée du 7 décembre à Amba-
« Alagi, où le 4º bataillon indigène, la compagnie Per-
« sico, la batterie Anghera, une centurie du 6º bataillon
« et les bandes furent attaqués sur leurs positions par
« une armée choane, conduite par Makonnen et forte de
« plus de 25,000 fusils.

« Je rapporte ce que j'ai pu voir et savoir en ma qua-
« lité d'adjudant-major du major Pierre Toselli, com-
« mandant la colonne italienne.

« La position d'Amba-Alagi, qui est très forte, barre la
« route du lac Ascianghi à Antalo et l'oblige à passer sur
« le flanc oriental de l'Amba. Deux chemins permettent

AMBA ALAGI (7 décembre 1895)

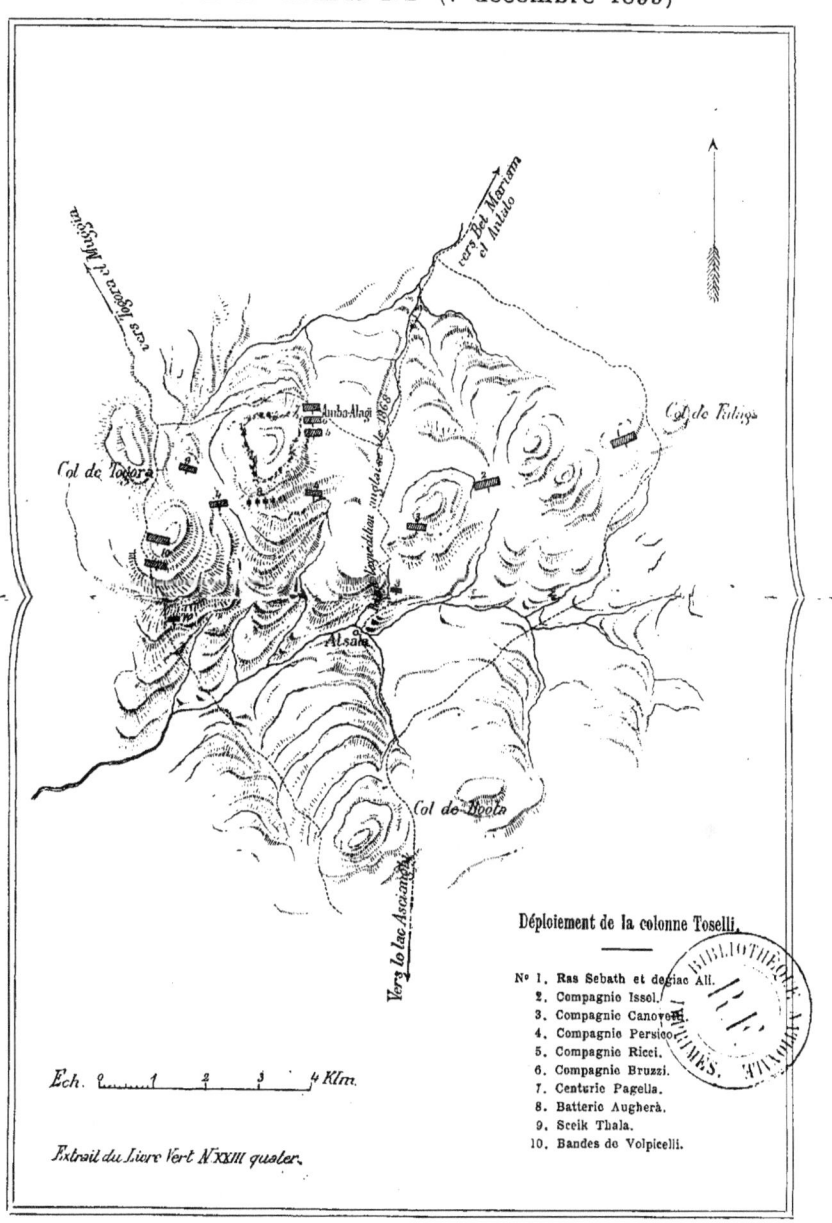

Déploiement de la colonne Toselli.

N° 1. Ras Sebath et degiac Ali.
2. Compagnie Issel.
3. Compagnie Canovetti.
4. Compagnie Persico.
5. Compagnie Ricci.
6. Compagnie Bruzzi.
7. Centurie Pagella.
8. Batterie Aughera.
9. Sceik Thala.
10. Bandes de Volpicelli.

Extrait du Livre Vert N° XXIII quater.

« de tourner la position : l'un, à l'Est d'Alagi, passe par
« le col de Falaga et conduit par une descente difficile
« sur Bet-Mariam ; l'autre, à l'Ouest, mène par le col de
« Togora, à Muggia et, de là, à Antalo.

« Le 6 décembre, le camp choan s'étendait entre le
« col de Boota et le col de Dubbar, dans la plaine d'Aiba,
« avec des avant-postes jusqu'auprès de l'église d'At-
« sala.

« On échangeait des messages entre les camps, mais
« il était évident que l'on voulait s'abuser et que l'attaque
« était imminente.

« Le major Toselli se préparait à défendre l'Amba
« Alagi. Il est à noter que le 6 au soir, vers quatre heures,
« le major avait reçu une lettre du commandant du
« Tigré annonçant le départ, dans la matinée du même
« jour, d'une colonne forte de six compagnies et de
« 2 pièces de canon, aux ordres du général Arimondi,
« qui devait s'avancer sur la route de Makallé à Amba-
« Alagi, de manière à pouvoir secourir le détache-
« ment Toselli dans le cas où il serait fortement en-
« gagé.

« Dans la soirée du 6, le major prit, en conséquence
« de cette communication, les dispositions suivantes, en
« prescrivant à chacun de renforcer le mieux possible
« les positions :

« Les bandes du ras Sebath et du dégiac Ali devaient
« garnir, à l'extrême gauche, les hauteurs qui dominent
« le sentier difficile de Falaga, la compagnie Issel devait
« se tenir à droite du ras Sebath pour le soutenir, la
« compagnie Canovetti se porter avec une centurie plus
« en avant vers Atsala, et deux autres plus en arrière ;
« en cas d'attaque par des forces supérieures, la com-
« pagnie Canovetti avait ordre de se replier sur la com-
« pagnie Issel. Au centre, la batterie, avec la compagnie
« Persico comme soutien, devait occuper le replat au-
« dessous de l'Amba. A droite, Sceik Thala (350 fusils)

« tiendrait la très forte position du col de Togora. Le
« lieutenant Volpicelli, avec les bandes de l'Okulé-
« Kusai (300 fusils), devait s'avancer sur les contreforts
« de l'Amba qui commandent le sentier à flanc de coteau
« du col de Togora, de manière à parer à une attaque de
« ce côté.

« Les compagnies Ricci, Bruzzi et la centurie Pagella
« devaient former la réserve sur les pentes Est de l'Amba
« et près de l'église où était établie l'ambulance. Le
« commandant se tiendrait avec la batterie.

« (7 décembre). Vers sept heures du matin, les petits
« postes signalent la marche sur Atsala de groupes en-
« nemis d'infanterie et de cavalerie. La centurie Cano-
« vetti les repousse. Aussitôt après, on aperçoit des mou-
« vements de troupes au col de Boota, et nos informateurs
« signalent le déplacement, vers Falaga, d'une forte co-
« lonne conduite par le ras Olié.

« La colonne s'avance rapidement vers notre gauche
« contre laquelle elle dirige une attaque de front et une
« attaque enveloppante ; le ras Sebath, très éprouvé et
« craignant d'être tourné, se replie sur la compagnie
« Issel. Pendant ce temps, Canovetti gagne en manœu-
« vrant son poste de combat, tout en infligeant des pertes
« importantes aux Choans, que contrebat également la
« batterie.

« La masse de l'ennemi était considérable. Issel et
« Canovetti lui tenaient cependant tête depuis plus d'une
« heure sans perdre un pouce de terrain.

« Sur ces entrefaites, débouchait du col de Boota l'im-
« posante colonne des ras Mikaël et Makonnen, forte de
« 15,000 fusils environ, qui prit comme objectif le centre
« de la position. La gauche tenait ferme, mais avait beau-
« coup souffert : le lieutenant Molinari avait été tué, le
« lieutenant Mazzei blessé.

« Le major Toselli avait à cœur de défendre encore
« cette position, qui couvrait la route directe de Makallé

« à Amba Alagi, par où il espérait voir arriver, d'un
« moment à l'autre, la colonne Arimondi : constatant que
« la gauche était épuisée, il envoya de ce côté la pre-
« mière compagnie de réserve Ricci. Il était neuf heures
« environ.

« Ricci s'avança hardiment et, s'engageant à fond,
« obligea l'ennemi à se replier. Sur le front, la batterie
« faisait des ravages dans les rangs de l'épaisse colonne
« choane ; mais celle-ci continuait à avancer lentement.
« A 9 h. 45, Volpicelli faisait savoir qu'une autre colonne,
« commandée par Aloula et Mangascia, se dirigeait vers
« le col de Togora avec l'intention manifeste de tourner
« notre droite ; de ce côté également commença à se
« faire entendre une fusillade très vive.

« Le major prit alors le parti de restreindre le front de
« la défense et de s'adosser avec ses troupes à l'Amba.
« Il envoya, en conséquence, l'ordre à Ricci, à Canovetti
« et à Issel d'exécuter une dernière contre-attaque et de
« se retirer sur l'Amba ; la section d'artillerie Manfredini
« devait être postée de manière à protéger ce déplace-
« ment. Pendant ce temps, la colonne principale se rap-
« prochait de la compagnie Persico et de la batterie, qui
« ne pouvaient plus se maintenir.

« Le major ordonna que les convois se missent en
« colonne sur la route de Togora : le mouvement com-
« mença lentement au milieu d'un certain désordre pro-
« duit par les femmes des ascaris de la compagnie Per-
« sico, qui encombraient le sentier difficile et étroit. La
« centurie Pagella reçut pour mission de protéger le
« convoi et, à leur arrivée au col, de recueillir les bandes
« de l'Okulé-Kusai qui se retiraient. La section Manfre-
« dini dut également se porter sur ce point.

« Les troupes étaient toujours dans la main de leurs
« chefs, les mouvements s'exécutaient encore dans le
« plus grand ordre. La gauche s'était repliée.

« A 12 h. 40, ayant perdu tout espoir de recevoir des

« secours, le major Toselli ordonna la retraite générale
« par échelons. La compagnie Bruzzi fut déployée à l'Est
« de l'Amba pour la protéger ; mais à peine les Choans,
« qui s'avançaient avec circonspection, s'aperçurent-ils
« de la cessation du feu de l'artillerie, qu'ils firent irrup-
« tion sur le replat de l'Amba. Bruzzi, Mulazzani tom-
« bèrent à la tête de leur compagnie.

« La situation était critique. Le chemin très étroit, lon-
« geant un précipice de 400 mètres de profondeur, était
« obstrué par les mulets, les bagages et les blessés. Man-
« fredini réussit à se mettre en batterie. Pagella se dé-
« ploie pour protéger la colonne, mais Sceik Thala se
« retire en désordre. Le col est occupé par les troupes
« d'Aloula ; les bandes de Volpicelli sont mises en dé-
« route. La hauteur, sur laquelle le chemin passe à mi-
« côte, est envahie par l'ennemi qui, à moins de cinquante
« pas, nous fait subir des pertes énormes. Les ascaris de
« Pagella cherchent à arrêter le flot qui les pousse et
« font feu en se retirant ; la compagnie Bruzzi ne peut
« endiguer le torrent, et la grosse colonne du ras Makon-
« nen nous prend à revers.

« La retraite commence à être désordonnée. Man-
« fredini tire à mitraille sur une masse énorme, mais
« il est accablé. La section tombe aux mains de l'en-
« nemi. L'autre section n'étant pas encore démontée,
« son chef, le lieutenant Scala, plutôt que de l'aban-
« donner, fait, avec l'aide du capitaine Anghera et de
« ses Soudanais, rouler dans l'abîme les pièces et les
« mulets.

« Le nombre des Choans augmente toujours. On ne
« peut songer à organiser une défense ultérieure. Tout
« le monde se précipite vers le chemin de Togora, dé-
« sormais occupé, pour essayer de gagner la profonde
« vallée de Bet-Mariam, d'où l'on espérait pouvoir re-
« joindre la colonne Arimondi ; le major Toselli n'ayant
« reçu aucun contre-ordre, la croyait retardée par quel-

« que parti ennemi ayant opéré un grand mouvement
« tournant.

« Le dernier de tous, le major descend lentement du
« col, serré de près et fusillé de toutes parts. Toujours
« calme et énergique, il donnait des ordres pour réduire
« les proportions du désastre.

« Quelques officiers seulement sont auprès de lui avec
« ses plus fidèles soldats : ce sont les capitaines Cano-
« vetti, Anghera, Persico, le lieutenant Pagella.

« Tous étaient épuisés. Pendant qu'elle se défend, la
« petite troupe va en s'amoindrissant. Anghera et Persico
« tombent.

« Arrivé près de l'église de Bet-Mariam, le major me
« donne l'ordre de me rendre à la tête de la colonne
« pour y chercher le général Arimondi et le prier de
« prendre position au Nord du défilé, afin d'y réunir les
« ascaris et d'empêcher l'ennemi d'avancer encore.

« Le major Toselli était encore vivant, mais à bout de
« forces, lorsque je lui entendis prononcer ces paroles :
« Je n'en puis plus, maintenant je m'en vais, je les laisse
« faire.

« Employant tous les moyens possibles, je parvins à
« réorganiser la colonne, secondé par le lieutenant Pa-
« gella qui m'avait rejoint. Je l'arrêtai à Mai-Mesghi,
« toujours poursuivi par la cavalerie choane, et de là
« me portai avec les restes du détachement auprès du
« général Arimondi qui, ignorant le désastre, prit po-
« sition à Adera où, jusqu'au soir, il recueillit les isolés
« et les blessés.

« Pour compléter ce que j'ai l'honneur d'exposer à
« Votre Excellence, je lui fais connaître qu'il ne parvint
« au major Toselli aucun ordre lui prescrivant de se re-
« plier avec sa colonne, ni aucun avis l'informant que
« le secours annoncé n'était pas parti dans la matinée
« du 6 décembre. »

Combat d'Adera. — Concentration des forces italiennes à Adigrat.

Le général Arimondi expose, dans la partie suivante de son rapport, de quelle manière il recueillit les débris de la colonne Toselli et organisa ensuite la retraite sur Adigrat :

« Dès l'apparition des premiers groupes ennemis, le
« major Galliano, qui était aux avant-postes avec son
« bataillon sur le bord du palier qui forme gradin entre
« la position d'Adera et la plaine de Mai-Mesghi, établit
« immédiatement des postes d'observation et poussa en
« avant des détachements avec mission de reconnaître
« ce qui se passait. Pendant ce temps, le gros s'instal-
« lait sur le sommet de la position.

« La fusillade commença tout à coup entre les petits
« postes et les groupes toujours plus forts qui débou-
« chaient des vallées : on était au contact (4 h. 30).

« Sur ces entrefaites, on vit poindre une petite colonne
« serrée qui, sortant du vallon d'Alagi, se dirigeait droit
« vers notre position : on la prit pour une troupe amie,
« et peu de temps après nous en eûmes la confirmation.

« A 5 heures, me rejoignait sur le front de la posi-
« tion, entre les avant-postes et le gros, le lieutenant
« Bodrero, adjudant-major du 4ᵉ bataillon indigène, qui
« m'apprenait la catastrophe survenue à Alagi. . . . . .

« Mis brièvement au courant de la situation, je com-
« pris qu'après avoir recueilli les débris des troupes
« d'Alagi, il ne me restait plus qu'à me replier lente-
« ment sur Makallé, en me dégageant.

« La chose ne fut, cependant, ni facile ni rapide. A
« 5 heures, le major Galliano continuait à résister sur
« sa ligne d'avant-postes; mais, depuis quelque temps,
« je m'apercevais, des hauteurs d'Adera, que l'ennemi
« accentuait son mouvement et cherchait à envelopper
« notre droite. Il fallait par suite le retenir, afin de l'em-
« pêcher de menacer notre ligne de retraite.

« Cependant, le major Galliano se repliait sur la
« gauche de la position, la droite était occupée par le
« gros : 3 compagnies du 5ᵉ bataillon (major Ameglio),
« et la compagnie Oddone du 6ᵉ bataillon. La section
« était en batterie sur la droite, mais avait l'ordre de ne
« pas ouvrir le feu parce qu'elle n'avait pas d'objectif
« avantageux.

« A 5 h. 1/2, les Choans prononcèrent simultanément
« une attaque de front et une attaque enveloppante me-
« nées toutes deux avec vigueur.

« Sur la droite, un groupe commandé par le ras Aloula
« parvint à couronner, en partie, le bord du palier où je
« me trouvais avec les officiers de l'état-major sur lequel
« il ouvrit le feu à moins de 100 mètres. La vigoureuse
« contre-attaque de la compagnie Oddone le délogea, et
« je profitai du moment de répit qui succéda pour com-
« mencer la retraite, sous la protection du bataillon
« Ameglio.

« A 6 h. 1/4, la fusillade cessa complètement, et la
« colonne poursuivit sa marche sur le chemin d'Afgol—
« Scelicot. En tête, se trouvaient les survivants du déta-
« chement Toselli et le convoi avec une compagnie
« d'escorte. La colonne, en formation serrée et bien en
« ordre, défila dans le plus grand silence, à travers la
« plaine d'Afgol, à peu de distance des feux de bi-
« vouac des groupes ennemis ; elle était seulement
« surveillée à vue par des détachements de cavalerie
« pourvus de fanaux à réflecteurs, qui projetaient sur
« son parcours de faibles rayons lumineux. On arriva
« à Makallé à 4 h. 1/2 du matin, après avoir fait une
« courte halte à Scelicot pendant que l'avant-garde mon-
« tait jusqu'à la crête pour s'assurer qu'elle n'était pas
« occupée.

« . . . . . Dans la matinée du 8, jugeant qu'il n'était
« plus possible de concentrer toutes les forces à Makallé,
« je pris le parti de conduire les troupes à Adaga-Hamus,

« en laissant, dans le fort d'Enda-Jésus, quatre compa-
« gnies aux ordres du major Galliano. »

Le général Arimondi fait connaître ensuite les raisons qui le déterminèrent à ne pas évacuer Makallé : « Il me
« parut indispensable de maintenir l'occupation du fort;
« son abandon aurait produit un effet moral désastreux
« dans le pays et sur les troupes ; on n'avait pas les
« moyens de transport nécessaires pour enlever les ap-
« provisionnements et les munitions qui y avaient été
« accumulés; le temps pouvait manquer pour le détruire;
« entre nos mains ce poste était susceptible d'avoir une
« grande valeur comme point d'appui, au moment de la
« reprise des opérations offensives ; il eût été très diffi-
« cile de faire exécuter des marches forcées, sans moyens
« de transport, au contingent important de militaires
« italiens qui se trouvaient réunis dans le fort et dont la
« plupart, ouvriers d'artillerie et du génie, n'étaient pas
« habitués à faire de longues étapes. Enfin, il me sembla
« que si le maintien de l'occupation du fort diminuait
« l'effectif des troupes amenées sur le point de concen-
« tration, cette réduction serait compensée par l'obli-
« gation pour l'ennemi de diviser ses forces, en raison
« de l'existence, sur ses derrières, d'un fort en état de
« défense. »

La petite colonne du général Arimondi arriva le 10 décembre à 9 heures du soir à Ada-Hagamus. Elle avait parcouru plus de 180 kilomètres en quatre jours pour se rendre à Adera, supporter le choc de l'avant-garde choane et effectuer ensuite sa retraite au milieu de populations qui, devenues hostiles aux Italiens depuis l'approche de l'armée de Ménélik, ne cessèrent de la harceler sur ses flancs et lui firent éprouver quelques pertes.

Le général Baratieri reçut, le 8 décembre, à Barachit, la nouvelle du combat d'Amba-Alagi et de la retraite d'une partie des forces du général Arimondi, sous Ada-Hagamus. Il prit aussitôt le parti de concentrer à Adigrat toutes les troupes disponibles de la colonie pour arrêter l'invasion. Il rappela les colonnes en opérations, fit évacuer Adoua et rassembler tous les indigènes en état de porter les armes. Le 9, il se rendit dans la capitale de l'Agamé, où les 7e et 8e bataillons indigènes, avec la batterie de montagne et le bataillon de chasseurs, l'avaient précédé, et où le 1er bataillon indigène et le bataillon de milice mobile étaient sur le point d'arriver. Le 10, il se transporta au col d'Ada-Hagamus, à 3 heures environ au Sud d'Adigrat, avec une partie de ces troupes. Il y trouva le détachement du général Arimondi, qui venait d'atteindre cette position, avec les 5e et 6e bataillons indigènes, quelques bandes et les débris du 4e bataillon indigène et de la compagnie Persico, qui avaient combattu à Amba-Alagi. L'intention du Gouverneur était d'organiser la défense du fort d'Adigrat et d'établir, à proximité « un camp mobile », afin de pouvoir s'opposer, soit sur son front, soit sur son flanc, à l'offensive éventuelle des Choans.

Le Gouverneur de l'Érythrée, dans son rapport du 31 décembre 1895, apprécie de la manière suivante les conséquences du combat d'Amba-Alagi :

« Des 28 compagnies régulières indigènes, disponibles
« pour la défense de la frontière méridionale, il venait
« à en manquer cinq et quatre restaient probablement
« isolées ou bloquées dans le fort de Makallé. Une bat-
« terie était perdue, la plus grande partie des bandes in-
« digènes étaient ou détruites ou dispersées. La concen-
« tration, déjà commencée à Makallé, était complètement
« manquée.

« Cette victoire de l'ennemi nous causait un préjudice
« moral incalculable, en donnant de la hardiesse à un
« adversaire ardent et enthousiaste, qui avait commencé
« les hostilités par la conquête d'une position sur des
« soldats dont la plupart, jusqu'alors, étaient réputés
« invincibles.

« Les conséquences politiques, par leur contre-coup
« sur les opérations militaires, furent également très
« malheureuses. Les nouvelles provinces de l'Enda-
« Moeni, de l'Enderta, du Saloa, de l'Avergalle, du Tem-
« bien et du Vogerat, qui n'étaient ni complètement
« débarrassées du brigandage, ni tout à fait favorables
« à notre occupation, se tournèrent vers l'ennemi qui
« bénéficia de la crainte inspirée par les razzias des
« Choans, de l'antique affection vouée par le pays au roi
« Johannès et de l'effet produit par la nouvelle que les
« Italiens avaient évacué la contrée. Il était à prévoir, et
« il advint en effet, que plusieurs des chefs qui auraient
« marché avec nous contre les Choans, s'ils nous avaient
« vus en bonne posture et en mesure de défendre leurs
« biens, surpris par l'affaire d'Amba-Alagi et par notre
« retraite, passèrent à l'ennemi; d'autres se retirèrent
« dans la montagne et attendent actuellement les événe-
« ments pour se mettre du côté du plus fort.

« Sceik Thala, le chef de l'Ascianto qui, par le Zabul,
« avait rejoint à Belego le major Toselli, avait fait dé-
« fection avec sa bande pendant le combat. »

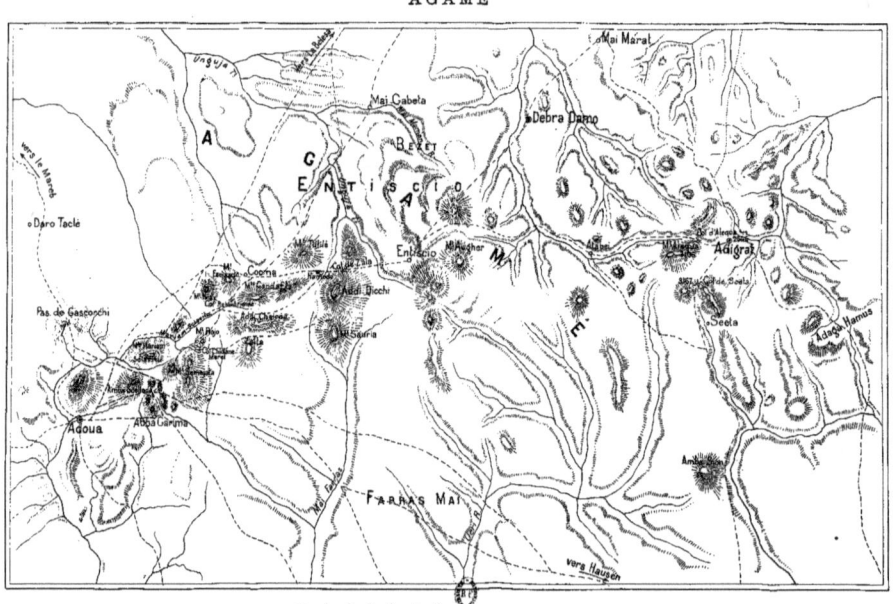

AGAMÉ

IV

CAMPAGNE CONTRE MÉNÉLIK.

Siège de Makallé. — Intentions du général Baratieri. — Envois de renforts en Érythrée. — Marche de l'armée du Négus vers l'Entiscio. — Déplacements du camp italien. — Défection des bandes indigènes du ras Sebath et du dégiac Agos Tafari. — Affaires de Sceta et d'Alequa. — Nouvel envoi de renforts.

La nouvelle du combat meurtrier d'Amba-Alagi (1), marquant l'entrée en ligne inattendue de l'armée choane, produisit en Italie une douloureuse surprise. Le Gouvernement décida aussitôt d'organiser dans la péninsule d'importants renforts à l'aide de ressources empruntées à l'armée permanente et d'augmenter le nombre des bâtiments de l'escadre de la mer Rouge dans les eaux de Massaouah ; il se fit, en conséquence, accorder par le Parlement un crédit de 20 millions, pour faire face aux dépenses occasionnées par la situation de l'Érythrée. Le Président du Conseil télégraphia en même temps au général Baratieri pour lui confirmer sa confiance et l'inviter à demander tout ce qui lui était nécessaire pour les opérations ultérieures.

Après la destruction de l'avant-garde du major Toselli et la retraite de la colonne du général Arimondi, le Gouverneur avait concentré aux environs d'Adigrat toutes les forces disponibles de la colonie.

---

(1) Le major Toselli disposait de 2,450 hommes, dont 1200 environ provenant des bandes irrégulières à la solde de l'Italie. Sur ce nombre, 3 officiers italiens et 500 ascaris rejoignirent la colonne du général Arimondi ; 1950 hommes disparurent ; 15 officiers italiens et 40 sous-officiers italiens, avec 900 réguliers environ, restèrent sur le champ de bataille.

Le 10 décembre, il avait sous la main, dans le camp d'Adaga-Hamus :

1 bataillon de chasseurs (italiens).........	600	hommes.
4 bataillons indigènes (1er, 3e, 6e et 7e).....	4,000	—
4 compagnies de milice mobile............	800	—
1 batterie de montagne (2e indigène).......	120	—
Sections du génie, des services de santé et des subsistances...........................	200	—
Bandes indigènes irrégulières..............	1,800	—
Au total..........	7,520	hommes.

Les autres troupes coloniales étaient ainsi réparties :

A Makallé :

1 bataillon indigène (5e)................	1,000	hommes.
4 pièces de montagne (indigène)...........		
Bandes indigènes.......................	200	—
	1,200	hommes.

A Asmara :

1 bataillon d'infanterie d'Afrique (Italiens)..	300	hommes.
1 bataillon indigène (8e).................	1,000	—
Services divers........................	200	—
4 compagnies de milice mobile............	800	—
Bandes indigènes.......................	2,700	—
	5,000	hommes.

A Keren :

1 bataillon d'infanterie d'Afrique (Italiens)..	300	hommes.
Services divers........................	50	—
1 compagnie de milice mobile.............	200	—
Bandes indigènes.......................	350	—
	800	hommes.

A Kassala :

1 bataillon indigène (2e).................	1,000	hommes.
1 escadron indigène.....................	150	—
Bandes indigènes.......................	250	—
	1,400	hommes.

A Massaouah :

1 bataillon d'infanterie d'Afrique (Italiens) (1).	300	hommes.
Services divers........................	300	—
	600	hommes.

---

(1) Trois bataillons avaient été formés avec les renforts envoyés d'Italie au commencement de l'année 1895.

Siège de Makallé.

Pendant que le général Baratieri organisait une ligne de résistance aux environs d'Adigrat, l'armée choane continuait son mouvement vers le Nord. Après la journée d'Amba-Alagi, la cavalerie Galla s'était portée rapidement en avant et, après avoir reconnu, dans la nuit du 8 au 9 décembre, les avant-postes du fort de Makallé, elle avait poursuivi son exploration dans la direction d'Adigrat. Quant au gros des forces abyssines, il avançait avec une extrême lenteur, en raison des nombreux bagages et des approvisionnements considérables qu'il traînait à sa suite. Son premier objectif était le fort d'Enda-Jésus, près de Makallé, où le général Arimondi, au cours de sa retraite sur Adaga-Hamus, avait laissé, le 8 décembre, les troupes qui avaient formé son arrière-garde après le combat d'Adera.

La garnison de l'ouvrage, aux ordres du major Galliano, avait, par suite, la composition suivante :

1 bataillon indigène ;
4 pièces de montagne ;
2 sections du génie ;
un détachement des étapes ;
un poste de carabiniers royaux.

Au total : 20 officiers, 13 sous-officiers et 150 hommes italiens, avec un millier d'indigènes environ.

Le développement de la crête de feu était de 700 mètres dans l'enceinte basse et de 300 mètres dans le réduit, dont la partie supérieure était occupée par quatre pièces, placées sur plate-forme. Certaines parties du fort n'étaient pas encore terminées à cette époque : il n'existait ni traverses ni rampes d'accès ; les banquettes faisaient défaut sur une grande étendue. Les magasins du fort étaient pourvus de vivres pour trois mois et d'orge pour un mois, mais il n'avait été constitué aucun dépôt de bois ni de fourrages ; à l'intérieur de l'ouvrage ne se trouvait ni puits ni citerne ; l'alimentation en eau était assurée dans des conditions très défectueuses par deux sources, situées en dehors de l'enceinte : l'une au Sud, de faible débit ; l'autre au Nord, plus abondante ; toutes deux coulaient dans des ravins, en angle mort par rapport au fort, qui débouchaient dans la plaine de Makallé, d'où ils étaient facilement accessibles.

Dès qu'il eut pris possession du fort d'Enda-Jésus, le major Galliano fit pousser avec activité les travaux destinés à compléter la mise en état de défense de l'ouvrage ; puis il dégagea le champ de tir en faisant raser les cabanes des camps indigènes qui masquaient la vue des parapets ; enfin il s'occupa de réunir, dans l'enceinte, des approvisionnements de bois, de fourrages et d'eau ; mais les corvées, envoyées à l'extérieur, étaient souvent entravées par l'hostilité des habitants voisins, qui cherchaient à s'opposer à l'introduction de matériaux dans le fort. On put néanmoins construire un chemin couvert reliant la source méridionale à la clôture.

Du 13 décembre à la fin de ce même mois, il y eut un échange très actif de communications entre le fort de Makallé et l'armée choane, qui se déplaçait lentement vers le Nord. Le ras Makonnen envoya émissaires sur émissaires au major Galliano, au général Arimondi, pour demander à traiter de la paix ; des officiers de la garnison d'Enda-Jésus se rendirent en parlementaires auprès du commandant de l'avant-garde abyssine ; des médecins italiens furent même mandés au camp du ras pour donner leurs soins à des chefs tigrins ; mais tous les pourparlers n'aboutirent qu'à des discussions vagues et sans résultat. Le but secret de ces négociations paraît avoir été, de part et d'autre, de traîner les choses en longueur : les Italiens, désirant gagner du temps pour achever leur concentration à Adigrat et permettre aux

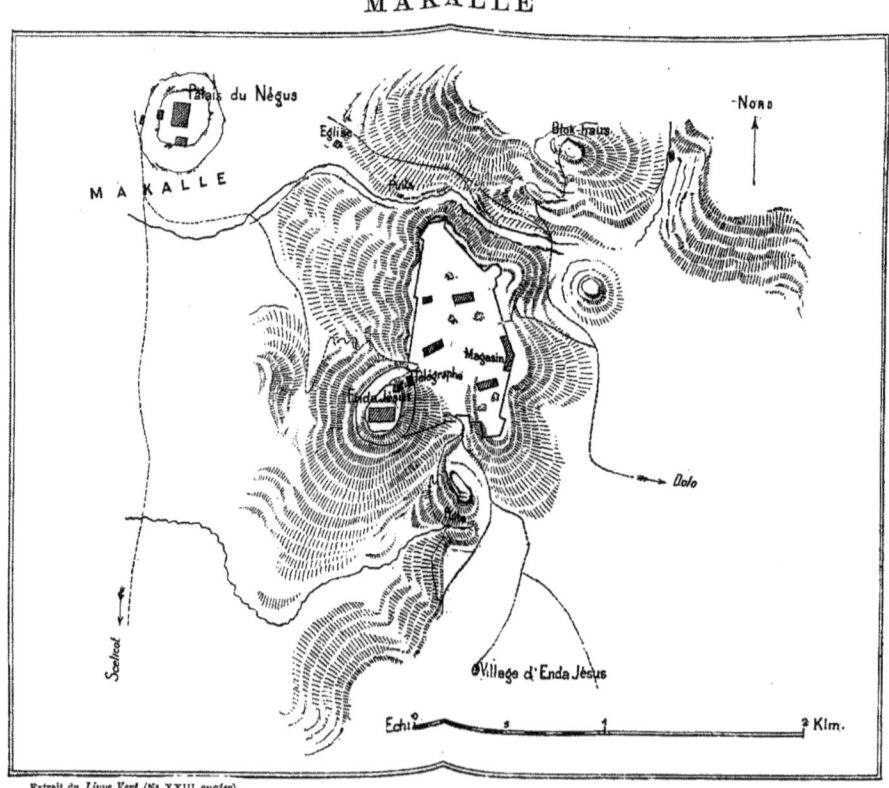

renforts d'arriver ; les Choans, cherchant à profiter de l'accalmie résultant de cette situation, pour progresser en toute sécurité.

Pendant ce temps, de petits groupes de guerriers abyssins se montraient, de jour en jour, plus nombreux aux abords de Makallé. Le 20 décembre, un gros parti de cavalerie, s'étant approché des avant-postes du fort, fut repoussé à coups de canon. A cette date, l'armée choane était parvenue aux environs de Scelicot et d'Afgol ; le 28 décembre, son camp se trouvait établi à Dolo. Un corps avait pris position à Agula, entre Makallé et Adigrat ; un détachement était parti sur la route d'Hausen, et les explorateurs battaient le pays dans toutes les directions.

Jusqu'au 7 janvier 1896, Makonnen se contenta d'investir à grande distance le fort d'Enda-Jésus et de faire procéder à des fourrages, qui donnèrent lieu à quelques escarmouches avec les patrouilles italiennes ; à cette dernière date, l'arrivée de Ménélik, à la tête des contingents du Choa, fut le signal de la reprise des hostilités.

Les nouvelles troupes installèrent dans la plaine, à proximité de Makallé, un vaste camp, au milieu duquel se dressait la tente rouge du Négus ; elles commencèrent, le même jour, leurs opérations offensives. La grand'-garde du village d'Enda-Jésus fut obligée de se retirer, mais elle réussit, avec l'appui des feux du fort, à réoccuper cette localité. A 11 heures du matin, les défenseurs du blockhaus, situé au Nord-Est du fort, en furent délogés ; ils le firent sauter lorsque les Choans y eurent pénétré.

A 1 heure, Ménélik déploya son artillerie sur une colline, au Sud d'Enda-Jésus ; ses batteries à tir rapide produisirent tout d'abord peu d'effet.

A 2 heures, les Choans occupèrent de nouveau le blockhaus que les Italiens avaient momentanément repris; ils garnirent les hauteurs à l'Est et au Nord-Est du fort et, défilant sur leurs pentes abritées, opérèrent un mouvement tournant pour prononcer une attaque contre le front Nord. L'artillerie du Négus, installée sur les crêtes à l'Est de l'ouvrage, en battait le terre-plein avec ses projectiles de 7 de montagne, et faisait éprouver des pertes sensibles aux défenseurs; par le tir de la batterie du réduit et les feux de mousqueterie, ceux-ci parvinrent cependant à tenir tête à l'assaillant, qui les menaçait au Sud, au Sud-Est, à l'Est et au Nord. A la tombée de la nuit, les troupes abyssines se retirèrent dans leurs campements, en laissant des postes sur les positions qu'elles avaient conquises. Le major Galliano, de son côté, plaça des avant-postes à proximité de l'enceinte.

Le 8 janvier, Ménélik fit creuser, dès l'aube, une tranchée sur les hauteurs à l'Est du fort, où il mit bientôt après en batterie ses pièces à tir rapide. Vers 9 heures du matin, il lança contre le front Sud une colonne d'assaut, qui obligea la grand'garde italienne à se replier dans le fort, mais qui fut arrêtée par les feux de l'ouvrage. A ce moment, l'artillerie choane garnissait cinq positions autour du fort; elle continua à tirer pendant toute la journée, en infligeant aux défenseurs des pertes importantes et en criblant la poudrière de projectiles qui la transperçaient et éclataient à l'intérieur; le major Galliano dut même en faire retirer les munitions. Il fut du reste impossible aux Italiens de contrebattre les batteries à tir rapide du Négus, que leur portée supérieure avait permis d'établir hors d'atteinte.

L'infanterie abyssine était parvenue à 700 mètres environ de l'enceinte et, de concert avec les mitrailleuses postées près du village d'Enda-Jésus, elle ne cessa, pendant toute la journée, de diriger contre le réduit et le terre-plein du fort un feu bien ajusté et très meurtrier. Elle s'empara également des sources et s'installa dans l'angle mort des ravins, d'où les Italiens ne purent désormais la déloger.

Pour la nuit du 8 au 9 janvier, le major Galliano réduisit la défense extérieure aux postes placés immédiatement en avant du réseau de fils de fer qui entourait le fort ; il eut à repousser, à deux reprises, les attaques des Choans.

Le 9, au lever du jour, l'assaillant construisit de nouvelles tranchées sur les hauteurs situées au Nord-Est de l'ouvrage et tenta, sans grand succès, plusieurs assauts. Dans l'après-midi, les batteries recommencèrent à tirer pendant que des masses choanes se rassemblaient dans Makallé ; l'artillerie du fort, prenant ce village comme objectif, le rendit bientôt intenable et détermina ainsi la retraite des Abyssins.

Ce même jour, le major Galliano dut commencer à faire distribuer l'eau de la petite réserve qu'il avait constituée dans l'ouvrage.

Dans la nuit du 9 au 10, les Choans, appuyés par la batterie du village d'Enda-Jésus, dirigèrent cinq attaques successives contre le front Sud ; ils ne purent l'entamer, toutefois le tir précis de leur artillerie endommagea beaucoup les pièces italiennes.

Le 10 au matin, la garnison du fort opéra une sortie pour essayer de reprendre la source du Sud ; elle fut repoussée par les cinq cents guerriers abyssins qui en avaient la garde ; ceux-ci exécutèrent une vigoureuse contre-attaque et ramenèrent les Italiens jusqu'à l'enceinte extérieure, où leur élan fut arrêté par le feu de l'ouvrage.

Cette journée se passa sans autres événements, mais pendant toute la nuit suivante, les sentinelles italiennes, placées sur les banquettes du fort, échangèrent des coups de fusil avec les soldats choans, qui s'efforçaient de détruire les défenses accessoires ; ceux-ci n'y parvinrent que partiellement ; ils réussirent toutefois à couper les fils de mise de feu des fougasses.

Le dernier assaut, donné au fort, eut lieu le 11 janvier. Dès le point du jour, le Négus lança ses troupes contre le saillant Nord-Est en les appuyant par le tir de ses mitrailleuses ; celles du village d'Enda-Jésus coopérèrent également à l'action, en battant d'enfilade le front Ouest, dont les défenseurs furent très éprouvés. La moitié de la réserve du fort dut être engagée. Deux pièces italiennes, qui avaient été descendues dans l'enceinte basse pour flanquer le saillant menacé, furent démontées pendant que les défenseurs s'efforçaient de les ramener sur le réduit.

L'attaque, qui s'était ralentie vers 11 heures, reprit à midi avec une très grande vigueur ; mais à 1 heure, les Choans se replièrent sans avoir pu pénétrer dans le fort. Ils s'installèrent sur les hauteurs environnantes, d'où ils continuèrent, par les feux de mousqueterie et par le tir de leur artillerie, à rendre le terre-plein de l'ouvrage intenable. Cet état de choses se prolongea pendant les jours suivants.

Sur ces entrefaites, le chevalier Felter (1), agissant au nom du Négus, sollicita, le 13 janvier, un armistice ou une suspension d'armes de quelques heures pour ensevelir les morts ; le major Galliano refusa d'accéder à cette demande, se retranchant derrière les règlements italiens, qui donnent uniquement qualité, pour conclure un pareil accord, au commandant en chef de l'armée.

L'eau de la réserve touchait à sa fin : la ration journalière avait été réduite à un demi-litre par homme, et, depuis le 8 janvier, les animaux n'étaient plus abreuvés.

---

(1) Pierre Felter, originaire de Brescia, représentait dans l'Harrar une maison de commerce de Trieste. Il sut se concilier les sympathies de Makonnen quand le ras accomplit pour le compte de Ménélik la conquête de cette province ; au cours du siège de Makallé, il mit à profit cette amitié pour jouer le rôle de médiateur entre le Gouverneur de l'Érythrée et le Négus.

Pour soutenir le moral de la garnison, le lieutenant-colonel Galliano (1) faisait creuser un puits dans l'intérieur du fort, mais sans grand espoir de trouver de l'eau. La situation était devenue, à ce point de vue, très critique, lorsque, le 19 janvier, fut apportée, du camp du Négus, au lieutenant-colonel Galliano, une lettre du chevalier Felter annonçant que, par ordre du Gouverneur, le fort devait être évacué et qu'il viendrait lui-même le lendemain pour régler les détails de la sortie de la garnison.

Felter s'était effectivement rendu, quelques jours avant cette date, auprès du Gouverneur, à Adigrat, et lui avait offert au nom de Ménélik, et avec la garantie du ras Makonnen, libre sortie pour la sortie de Makallé, qui pourrait avec armes, munitions, femmes (2) et bagages, rejoindre les troupes italiennes à Adigrat.

Le général Baratieri avait jugé les conditions qu'on lui proposait acceptables et honorables. « Il considérait, « dit-il dans une dépêche adressée le 18 janvier au mi- « nistre de la guerre, qu'en raison du manque d'eau, la « chute du fort était imminente; qu'il était impossible à « la garnison, cernée par de nombreuses forces choanes, « de s'ouvrir un chemin; qu'il était impossible à ce mo- « ment d'envoyer des troupes de secours sans courir le « risque d'essuyer un échec grave. » En conséquence, il avait fait transmettre au lieutenant-colonel Galliano, par les soins du chevalier Felter, l'ordre d'abandonner le fort si les conventions lui paraissaient présenter le caractère de garantie absolue en ce qui concernait leur exécution.

---

(1) A la nouvelle des premières attaques dirigées contre le fort de Makallé et de la résistance des défenseurs, le major Galliano fut promu lieutenant-colonel, pour *mérites de guerre*, par décret royal du 14 janvier.

(2) Il s'agit des femmes des ascaris qui accompagnent les troupes, même en campagne.

Dans le cas contraire, il lui avait laissé la faculté d'agir comme il l'entendrait.

Felter, qui était retourné le 19 janvier auprès de Ménélik, pour convenir de la reddition du fort de Makallé et en fixer les conditions, se présenta le 20 janvier au lieutenant-colonel Galliano auquel il fit reconnaître ses pouvoirs. Le conseil de défense, réuni pour donner son avis sur la situation, décida à l'unanimité que le commandant du fort ne pouvait agir autrement qu'en se conformant aux ordres supérieurs.

Le drapeau national fut amené le 21 janvier et remplacé par une bannière blanche, signal convenu entre Felter et le Négus pour indiquer l'acceptation des accords préventivement arrêtés.

Ce même jour, Felter se rendit au camp du Négus et obtint, pour la garnison, l'autorisation d'aller prendre 30 barils d'eau à la source et d'y abreuver les animaux.

Le 22 janvier dans l'après-midi, les défenseurs de Makallé évacuèrent le fort avec armes, bagages, canons, femmes et blessés, pour aller, conformément aux dispositions arrêtées avec le chevalier Felter, camper dans la plaine au Sud de l'Enda-Jésus. Le lieutenant-colonel Galliano sortit le dernier, entouré de son état-major; un détachement de soldats du Négus lui rendit les honneurs et prit possession de l'ouvrage.

Le lendemain, 23 janvier, le lieutenant-colonel Galliano transporta son camp auprès de celui du ras Makonnen, qui fit distribuer aux officiers italiens les tentes dont ils étaient dépourvus. D'autre part, les animaux de bât du fort, épuisés par les privations, n'étant plus en état de faire le service, Felter s'occupa de louer plusieurs chameaux et 250 mulets; il en acheta le même nombre pour former le convoi de la petite troupe italienne qui, jusqu'au moment de sa libération, allait faire, en quelque sorte, partie intégrante de l'armée du Négus et en suivre les mouvements.

Pendant la durée du siège, les pertes subies par les défenseurs du fort avaient été les suivantes :

	Tués.	Blessés.
Italiens	6	8
Indigènes	23	62
	29	70

Les approvisionnements en munitions s'élevaient, le 7 décembre, à 250,000 cartouches et 800 charges. On consomma jusqu'à la reddition du fort 91,000 cartouches et 600 charges; à ce moment, chaque homme armé était encore porteur de 120 cartouches.

Intentions du général Baratieri.

A la date du 10 décembre 1895, le Gouverneur de l'Érythrée avait réuni à Adaga-Hamus les forces dont la composition a été donnée plus haut ; mais bientôt il avait jugé qu'il était préférable d'organiser sa ligne de défense plus au Nord, sous la protection du fort d'Adigrat ; il avait transporté en conséquence son camp dans cette localité, en appelant à lui le 8ᵉ bataillon indigène qui se trouvait à Asmara.

« Après avoir visité la position du col d'Adaga-Hamus,
« écrit le général Baratieri dans son rapport du 31 dé-
« cembre, je la trouvai trop étendue pour le petit groupe
« de forces que je pouvais opposer à un ennemi possé-
« dant une supériorité numérique si considérable ; la
« ligne de retraite manquait de sécurité ; elle était trop
« éloignée du fort pour en recueillir un appui immédiat
« et sérieux ; j'étudiai alors une autre position sur la ligne
« même du fort et je me décidai à adopter cette dernière,
« qui me procurait en outre l'avantage d'avoir mes
« troupes mieux concentrées et plus dans la main. Je fis
« néanmoins occuper par un bataillon et par les bandes

« le mont d'Adaga-Hamus, qui possédait, au point de
« vue défensif, des qualités sérieuses et avait été relié
« au fort par un fil télégraphique et des communications
« optiques.

« Les bandes aux ordres du capitaine Barbanti, étaient
« préposées au service d'exploration et à la garde des
« chemins du côté de Makallé et d'Hausen, sous la con-
« duite, entre autres chefs indigènes, du ras Sebath,
« nommé par nous chef de l'Enderta, et du dégiac Agos,
« chef de l'Agamé. La position, dans le cas de l'offensive,
« protégeait le débouché de la conque d'Adigrat ; dans
« celui de la défensive, elle s'opposait à la marche de
« l'ennemi et lui faisait prêter le flanc, tout en l'obligeant
« à rester dans le rayon d'action du fort et des troupes
« déployées aux environs de l'ouvrage.

« Ces troupes étaient ainsi réparties : à gauche, le
« 1er bataillon indigène occupait une position dominante,
« inaccessible par son flanc extérieur ; le centre était
« gardé, à proximité du fort, par les 7e et 8e bataillons ;
« dans l'ouvrage même se trouvaient le bataillon de
« chasseurs et trois compagnies d'infanterie d'Afrique ;
« plus en arrière étaient postés le bataillon de milice
« mobile et les hommes de l'appel en masse (chitet) ; à
« droite, le 6e bataillon était chargé de la garde des
« cols. »

Le général expose ensuite les considérations qui avaient
déterminé les dispositions prises jusqu'alors :

« Mon but étant de défendre la colonie contre son en-
« vahissement immédiat par les forces prépondérantes
« de l'ennemi, de gagner ainsi du temps pour permettre
« l'arrivée des renforts attendus d'Italie, il fallait, par
« suite, m'installer solidement à Adigrat. On ne pou-
« vait supposer que l'ennemi se divisât : c'eût été con-
« traire à ses traditions, à la nécessité qui s'imposait
« pour le Négus de maintenir l'union entre ses chefs, à

« la force même des choses. Je pouvais compter sur la
« résistance du fort de Makallé : le commandant et les
« officiers m'inspiraient la plus entière confiance; l'ou-
« vrage était pourvu de vivres jusqu'à la fin de février;
« les munitions étaient suffisantes; les organes de dé-
« fense avaient été activement renforcés; l'alimentation
« en eau était assurée; l'ennemi ne disposait pas des
« moyens nécessaires pour venir à bout du fort.

« Si, tout en investissant Makallé, l'ennemi se fût
« avancé contre la position d'Adigrat, il m'aurait trouvé
« en mesure de le repousser victorieusement. S'il mar-
« chait par Hausen et par le Tembien vers Adoua et le
« Mareb, je comptais pouvoir l'atteindre pendant son
« mouvement, et alors une petite troupe disciplinée et
« bien commandée, lancée contre une pareille masse
« qui transportait avec elle sa base d'opérations avec
« femmes, enfants et des quantités innombrables de qua-
« drupèdes, pouvait avoir le dessus et réussir à provo-
« quer un désastre. Si l'ennemi se divisait, je pouvais
« *a fortiori* me croire en situation d'avoir raison de l'une
« ou de l'autre de ses colonnes en marche : la défaite de
« l'une aurait indubitablement déterminé tout au moins
« la retraite de l'autre. »

Le Gouverneur de l'Érythrée n'ignorait pas la situation et la force approximative de l'avant-garde de l'armée abyssine. Il paraissait même très exactement renseigné sur l'époque de l'arrivée, sous Makallé, du Négus Ménélik, à la tête des contingents choans :

« L'ennemi s'est avancé avec beaucoup de circonspec-
« tion et s'est arrêté à Dolo, à une heure et demie du
« fort de Makallé, dit le général Baratieri dans le même
« document. Il dispose, en ce moment, dans son camp,
« de 32,000 fusils, et peut-être de 40,000 personnes. Les
« femmes et les jeunes enfants y sont en grand nombre,
« ainsi que les serviteurs, sans armes ou munis seule-
« ment de la lance, qui, pendant le combat, ramassent

« les fusils et les munitions des guerriers qui sont
« tombés.

« . . . .

« Le long arrêt à Dolo, qui semble devoir se prolonger
« certainement jusqu'au 7 janvier, s'explique par suite
« d'un concours de circonstances dont la principale est
« l'attente de Ménélik avec tous ses Choans. »

Les raisons qui avaient amené le général Baratieri à renoncer, en principe, à tout mouvement offensif dans le but de dégager la garnison de Makallé, se trouvent exposées dans la partie suivante du même rapport :

« De toute manière, la position défensive prise par
« l'ennemi est trop forte, trop éloignée d'Adigrat, trop
« garnie de forces et trop surveillée pour pouvoir l'at-
« taquer avec des troupes si aguerries et si disciplinées
« qu'elles soient, mais trois fois moins nombreuses que
« celles de l'ennemi, même avec l'appoint du fort de
« Makallé. Ce serait folie de prendre position plus en
« avant ou plus près de Dolo (vers Hausen ou Dongolo)
« en laissant Adigrat occupé, parce qu'on aurait les ailes
« en l'air et que l'on serait exposé aux attaques d'un
« ennemi, ayant des fusils en nombre triple ou qua-
« druple. Et même d'Adigrat, qui se trouve éloigné de
« trois fortes marches pour les troupes indigènes, une sur-
« prise ne serait pas possible, d'autant plus que l'ennemi
« fait toujours bonne garde sur la ligne Dongolo-Azbi ; et,
« sans la possibilité d'une surprise, ce serait une grave
« imprudence de tenter une pointe ou un mouvement
« tournant contre la position de Dolo, par exemple,
« en exposant les troupes engagées aux risques d'un
« échec. En tous cas, un succès partiel, qui n'aurait
« permis aucun développement à l'action, ne compense-
« rait certes par le danger d'un insuccès qui pourrait
« avoir de graves conséquences au point de vue de la
« réunion des forces provenant d'Italie.

« Dans les circonstances actuelles, il est nécessaire
« d'éviter tout danger d'échec et de nous contenter, pour
« le moment, d'arrêter l'invasion, d'assurer l'arrivée des
« renforts sur le haut plateau, de fatiguer l'ennemi et
« d'attendre le moment et l'endroit opportuns pour
« passer à l'offensive. »

Envois de renforts en Érythrée.

Dès que le Gouvernement central eut décidé, après le désastre d'Amba-Alagi, d'envoyer des renforts en Afrique, il avait pris ses dispositions pour en assurer la constitution et le transport en Érythrée le plus rapidement possible.

Au moyen de prélèvements, effectués par engagements volontaires ou par voie de tirage au sort dans tous les corps d'armée du Royaume, le ministère de la guerre forma à Naples, au dépôt central des troupes africaines, des unités, créées de toutes pièces (1), dont les premières furent embarquées et prirent la mer à destination de Massaouah, le 16 décembre.

En l'espace de 16 jours, la Société italienne de Navigation générale *Florio Rubattino*, mettant 11 vapeurs à la disposition du Gouvernement italien, assura le départ de Naples de 11 bataillons d'infanterie, de 2 bataillons de bersagliers, d'un bataillon d'alpins et de 5 batteries de montagne, ainsi que de chevaux, de mulets et d'un matériel considérable (2).

---

(1) L'organisation de tous les renforts qui furent envoyés en Afrique, au cours de la campagne, eut lieu d'après les mêmes principes.

(2) La [*Navigation italienne* a publié le relevé des transports des différentes expéditions de renforts. Les indications contenues dans les tableaux ci-après en ont été extraites.

1re EXPÉDITION DE RENFORTS.

VAPEURS.	DÉPART de NAPLES.	ARRIVÉE à MASSAOUAH.	CHARGEMENT.			MATÉRIEL DIVERS.	UNITÉS TRANSPORTÉES.
			OFFI-CIERS.	TROUPES.	QUADRU-PÈDES.		
Singapore (3,685 tonneaux)....	16 décembre.	25 décembre.	49	1,396	100	3,019 quint.	4e bataillon d'infanterie. 1er bataillon de bersaglieri. 1re et 2e batteries de montagne.
Umberto Ier (postal)...........	18 décembre.	27 décembre.	47	940	52	460	5e bataillon d'infanterie. 6e bataillon d'infanterie.
Adria (1870 tonneaux).......	18 décembre.	27 décembre.	35	704	44	1,146	Artilleurs. Relève.
Gottardo (2,847 tonneaux)......	20 décembre.	29 décembre.	30	773	110	2,763	1er bataillon alpin. 3e batterie de montagne.
Vincenzo Florio (2,840 tonneaux).	22 décembre.	30 décembre.	40	1,277	58	3,464	7e bataillon d'infanterie. 8e bataillon d'infanterie.
Marco Minghetti(2,488tonneaux)	24 décembre.	2 janvier...	36	729	123	4,644	9e bataillon d'infanterie.
Indipendente (2,847 tonneaux)...	25 décembre.	3 janvier...	27	777	122	4,872	10e bataillon d'infanterie.
Bormida (2,303 tonneaux)......	26 décembre.	6 janvier...	40	1,282	1	2,004	11e bataillon d'infanterie. 12e bataillon d'infanterie.
Bosforo (2,773 tonneaux).......	28 décembre.	6 janvier...	29	785	157	1,478	13e bataillon d'infanterie. 4e batterie de montagne.
Perseo (3,966 tonneaux)........	30 décembre.	6 janvier...	64	783	157	2,945	14e bataillon d'infanterie. 5e batterie de montagne.
Archimède (postal)............	31 décembre.	10 janvier...	20	610	81	Fourrage....	2e bataillon de bersaglieri.
Polcevera (2,470 tonneaux).....	5 janvier...	17 janvier...	2	59	320	3,019 quint.	Artilleurs.
TOTAUX.....	....	....	419	10,085	1,322	24,811 quint.	

Les bataillons d'infanterie, à l'effectif moyen de 620 hommes, furent numérotés de 4 à 14 par suite de la présence, dans la colonie, de trois bataillons d'infanterie d'Afrique (1), envoyés comme renfort au commencement de l'année 1895. Ils partirent tous armés du fusil Wetterli (ancien modèle).

Parmi les batteries de montagne envoyées en Afrique, quelques-unes furent constituées par des unités complètes du temps de paix qui reçurent le complément d'hommes et de chevaux nécessaires ; les autres furent créées au moyen d'éléments tirés des formations similaires et leur matériel puisé dans les approvisionnements de réserve. L'effectif moyen des batteries de montagne était de 130 hommes.

Plus de 1000 mulets furent pris dans les différents corps de la péninsule et en particulier dans les bataillons alpins et les batteries de montagne ; on les embarqua tous pour l'Afrique, accompagnés de leurs conducteurs. D'autres animaux de bât furent achetés en Italie et en Sicile (2). On fit en outre venir d'Égypte, d'Arabie et des Indes un grand nombre de chameaux, de mulets et d'ânes.

Les premiers renforts commencèrent à arriver le 25 décembre à Massaouah, où le général Arimondi avait été envoyé pour organiser le personnel et le matériel débarqués et en assurer la mise en route sur Adigrat. La durée moyenne de la traversée était de dix jours, et l'on en comptait sept pour le trajet de Massaouah à Adigrat. Les colonnes étaient transportées à Saati par la voie ferrée,

---

(1) En Érythrée, les hommes de ces derniers bataillons, qui avaient été réduits à un très faible effectif par suite du départ de la classe, furent réunis de manière à former 2 bataillons qui reçurent les n°s 1 et 2. La série fut reconstituée par un bataillon de la deuxième expédition de renforts qui prit le n° 3.

(2) Prix moyen, 400 francs.

puis elles suivaient la route d'Asmara et parcouraient ensuite le mauvais sentier muletier qui passe à Adi-Caié et à Maï-Marat.

A partir du 2 janvier, le général Baratieri vit augmenter chaque jour l'effectif de ses forces, et, le 17 du même mois, il pouvait mettre en ligne, à proximité d'Adigrat, 18,000 hommes environ, répartis en trois brigades, ainsi que six batteries de montagne ; il disposait en outre de plus de 10,000 animaux de bât (1).

Pendant cette période, le fort de Makallé était l'objet des attaques réitérées de l'armée choane ; mais le général Baratieri, tenu au courant par ses informateurs des épisodes du siège, persistant dans la manière de voir qu'il avait développée dans son rapport du 31 décembre, ne jugea pas qu'il fût possible de se porter au secours du major Galliano sans courir le risque d'arriver trop tard et de se trouver compromis par la chute du fort. Le 17 janvier, malgré les arguments qu'il avait précédemment fait valoir pour se retirer sous la protection du fort d'Adigrat, et probablement en raison de l'appoint qu'il venait de recevoir, il transporta de nouveau le gros de ses forces à Adaga-Hamus et poussa en avant jusqu'à Maï-Meghelta le corps du colonel Albertone, qui se composait des 6 bataillons et des 6 pièces indigènes.

Le plan d'opérations que le commandant en chef des troupes italiennes se proposa dès lors de suivre est exposé dans son télégramme du 22 janvier : La question du fort de Makallé une fois réglée, si le Négus s'avance contre Adaga-Hamus, le général dispose pour l'arrêter d'une position fortement organisée à l'avance, favorable à la défensive et à l'emploi de l'artillerie ; si l'armée choane

---

(1) La décomposition exacte du corps d'opérations réuni à Adigrat était la suivante : Italiens, 7,929 ; indigènes, 10,878 ; canons, 34 ; animaux de bât, 10,664.

marche vers Hausen, deux colonnes italiennes partant, l'une des avant-postes de Maï-Meghelta, l'autre d'Adaga-Hamus, iront l'attaquer; si elle se dirige par le Tigré vers Adoua, le général Baratieri compte pouvoir, en trois journées, tomber sur son flanc ou bien le devancer sur le Mareb; il juge la manœuvre plus courte et plus facile si, passant par l'Entiscio, l'Empereur Ménélik prend pour objectif la Belesa.

On verra, dans la suite, que le général Baratieri ne put réaliser ce programme.

A la nouvelle des assauts dirigés contre le fort d'Enda Jésus et de l'arrivée devant cet ouvrage du Négus Ménélik, l'organisation des renforts, qui avait subi un certain ralentissement, en raison de l'incertitude qui planait sur les événements d'Afrique, reprit avec activité, et une nouvelle expédition de troupes fut préparée en Italie.

Elle comprit :

    7 bataillons d'infanterie;
    1 bataillon de bersagliers;
    1 batterie de montagne;
    2 batteries à tir rapide;
    1 batterie de mortiers de 8 pièces (1);
    2 compagnies du train.

Le major général Dabormida partit pour l'Afrique avec ces contingents.

---

(1) Ces mortiers de 9^{cm}, d'acier, transportables à dos de mulets, étaient destinés à agir contre les troupes abritées. Outre l'obus et le shrapnel, portant à 2,400 mètres, ils pouvaient tirer un projectile-torpille, dont le transport exigeait d'ailleurs des précautions spéciales. Le général Ellena, directeur de l'artillerie, envoyé en Érythrée, devait étudier les effets de ce tir.

2º EXPÉDITION DE RENFORTS.

VAPEURS.	DÉPART de NAPLES.	ARRIVÉE à MASSAOUAH.	CHARGEMENT.			MATÉRIEL DIVERS.	UNITÉS TRANSPORTÉES.
			OFFICIERS.	TROUPES	QUADRUPÈDES.		
Singapore (3,685 tonneaux)....	12 janvier...	28 janvier...	39	1,379	130	2,850 quint.	15ᵉ bataillon d'infanterie. / 16ᵉ bataillon d'infanterie.
Adria (1,870 tonneaux)........	12 janvier...	21 janvier...	20	640	41	2,290	6ᵉ bataillon d'infanterie.
Gottardo (2,847 tonneaux)......	13 janvier...	23 janvier...	25	797	110	2,470	3ᵉ bataillon de bersagliers. / 6ᵉ batterie de montagne.
Washington (2,833 tonneaux)...	15 janvier...	24 janvier...	29	863	217	1,870	17ᵉ bataillon d'infanterie. / 2 batteries à tir rapide.
R. Rubattino (postal)..........	15 janvier...	26 janvier...	3	95	130	1,400	Munitions.
M. Minghetti (2,488 tonneaux)..	21 janvier...	30 janvier...	23	462	347	3,050	1 compagnie du train.
Indipendente (2,847 tonneaux)..	23 janvier...	1ᵉʳ février...	13	464	322	1,360	1 compagnie du train.
Bosforo (2,773 tonneaux).......	24 janvier...	5 février...	22	624	273	800	19ᵉ bataillon d'infanterie.
Perseo (3,966 tonneaux)........	25 janvier...	3 février...	53	1,222	70	1,840	18ᵉ bataillon d'infanterie. / 20ᵉ bataillon d'infanterie.
Vincenzo-Florio (postal)........	29 janvier...	9 février...	»	8	80	Fourrage.	»
Bormida (2,303 tonneaux)	1ᵉʳ février...	12 février...	18	178	274	429 quint.	1 batterie de mortiers.
Totaux.......	....	....	245	6,099	1,974 (1)	17,759 quint.	

(1) Du 24 au 30 janvier, le *Polcevera* fit un voyage à Berbera et en ramena 401 chameaux à Massaouah.
Du 26 au 30 janvier, le *Gottardo* alla embarquer 247 chameaux à Aden.

Les premières troupes partirent le 12 janvier de Naples et débarquèrent le 20 à Massaouah, où le général Lamberti avait été envoyé d'Italie pour remplir les fonctions de Vice-Gouverneur de la colonie, pendant les opérations, et assurer, en remplacement du général Arimondi, la direction du service des étapes et des services administratifs du corps expéditionnaire. Ces nouveaux renforts commencèrent à arriver, le 30 janvier, à Adaga-Hamus.

Marche de l'armée du Négus vers l'Entiscio. — Déplacements du camp italien.

Après la reddition du fort de Makallé (22 janvier), Ménélik mit toute son armée en mouvement vers le Nord ; il emmenait avec lui le bataillon du lieutenant-colonel Galliano, qui conservait, comme on l'a vu, ses armes, ses canons et ses bagages, mais se trouvait complètement entouré par l'avant-garde abyssine constituée par les corps des ras Mangascia, Makonnen et Aloula.

Parti le 24 janvier de Dolo, le Négus se dirigea avec une grande prudence sur Mai-Magdem et Agula, en se couvrant, comme d'un masque, à l'aide de la colonne Galliano et en se faisant précéder par Felter, qu'il envoya au camp d'Adaga-Hamus porter des propositions de paix. Puis, au lieu de continuer son mouvement vers le Nord, ce qui lui eût fait atteindre bientôt les postes avancés italiens placés au Sud de Mai-Meghelta, il gagna Eiba, d'où il fit reconduire par un de ses chefs, les troupes de la garnison de Makallé jusqu'aux lignes italiennes (30 janvier). Ménélik retint toutefois, pendant quatre jours de plus, 9 officiers et 1 fourrier comme otages. Il est probable que le Négus prit cette mesure pour s'assurer la garantie de la complète exécution des clauses de la reddition du fort d'Enda-Jésus, clauses qui n'ont d'ailleurs jamais été divulguées (1).

Le jour où le lieutenant-colonel Galliano rejoignit le camp italien, les avant-postes des deux partis étaient presque à portée de fusil ; de part et d'autre on pouvait apercevoir les feux de bivouac et les tentes ; une bataille semblait imminente, lorsque, le lendemain, les Choans disparurent.

Ménélik, défilant derrière son arrière-garde demeurée au contact de l'armée italienne, avait continué sa marche par Hausen, dans la direction de l'Entiscio.

Le général Baratieri ayant appris le mouvement de son adversaire, supposa qu'il avait l'intention d'aborder les positions italiennes par le Nord-Ouest, dans la zone qui présentait le plus de facilités à l'attaque ; il décida aussitôt d'exécuter un changement de front pour répondre à la manœuvre du Négus.

Le 1er février, le Gouverneur fit, en conséquence, commencer le déplacement du gros de ses forces d'Adaga-Hamus à Mai-Gabeta. Le 2, le quartier général était au col d'Alequa avec les brigades Arimondi et Dabormida ; la brigade indigène du colonel Albertone avait été poussée en avant, dans la région de Bezet. La marche fut très pénible dans cette contrée montagneuse et accidentée ; le passage des mulets par les sentiers escarpés, bordés de précipices, fut particulièrement difficile. Les troupes italiennes eurent cependant achevé leur mouvement le 3, et purent se concentrer sur une forte hauteur entre Mai-Gabeta et Entiscio, couvrant ainsi les communications du Farras-Mai au Scimenzana.

---

(1) L'Érythrée et les territoires qui en dépendent furent, par décret royal en date du 26 janvier, déclarés en état de guerre, d'où il résultait que le Gouvernement italien reconnaissait aux Abyssins la qualité de belligérants. C'était peut-être une des conditions imposées par le Négus, lors de la reddition de Makallé.

Pendant ce temps, l'armée du Négus avait progressé et était allée s'installer, à proximité d'Adoua, au Nord-Est du mont Semajata, entre Zatta, les monts Gandafta et Hamedo. Les corps des ras Mangascia et Aloula s'étaient avancés vers le mont Augher, mais la présence, en ce point, des bandes indigènes au service de l'Italie, leur avait fait rebrousser chemin.

Le 5 février, les alpins, un bataillon indigène et les bandes effectuèrent une reconnaissance dans la conque d'Entiscio. Dès l'apparition de ces troupes, les hauteurs du col Zala, à l'Ouest d'Entiscio, se couvrirent de plusieurs milliers de guerriers choans, qui se retirèrent vers midi derrière les montagnes, après avoir échangé quelques coups de fusil avec les Italiens.

Le 6 février, l'Impératrice Taïtù envoya un de ses chefs demander une entrevue au général Baratieri, pour traiter de la paix. Elle lui faisait savoir, par lettre, que Ménélik séjournerait six jours à Gandafta dans ce but. Le Gouverneur confia alors au major Salsa le soin de se rendre aux avant-postes pour y prendre connaissance des propositions du Négus. Le major italien se rencontra le lendemain avec le ras Makonnen, qui lui exposa les bases sur lesquelles l'Empereur voulait traiter de la paix : retour aux confins stipulés par le traité d'Ucciali et conclusion d'un nouvel accord entre l'Italie et l'Éthiopie.

Le major Salsa rapporta l'impression que les Choans désiraient sincèrement la paix, mais le Gouverneur ne crut pas devoir s'écarter des instructions que le ministre des affaires étrangères lui avait télégraphiées, le 18 janvier, en prévision des ouvertures qui pourraient éventuellement lui être faites. Le desideratum du Gouvernement italien comportait en substance : la reconnaissance de la souveraineté de l'Italie sur tout le Tigré, jusqu'au lac Ascianghi et au cours du Tacazzé, de son protectorat, avec toutes ses conséquences, sur tout le reste de l'Éthiopie, y compris le Harrar et ses autres dépendances.

Le Gouverneur jugea cependant nécessaire de demander de nouvelles instructions au Président du Conseil. Celui-ci lui télégraphia, le 8 février, qu'il devait exiger tout au moins la confirmation du traité d'Ucciali et la libre possession des territoires au pouvoir de l'Italie au mois d'août 1895, c'est-à-dire de la région s'étendant jusqu'à la ligne Adouat—Adigrat. Il devait réclamer, en outre, l'occupation temporaire de Makallé et d'Amba-Alagi.

Ce même jour, les Italiens, partant de Mai-Gabeta, exécutèrent, dans la direction du Sud, une marche très pénible, par des sentiers montagneux et des passages difficiles ; l'avant-garde était formée par les troupes indigènes du colonel Albertone. Le général Baratieri espérait que les troupes du Négus se décideraient à l'attaquer pendant ce mouvement, mais elles avaient évacué la veille les crêtes qui dominent Entiscio, et s'étaient retirées vers Cocma ; les bandes indigènes s'installèrent au col Zala, et le reste du corps expéditionnaire établit son campement sur les hauteurs Est de la conque.

Les deux armées se trouvaient de nouveau en contact, mais au lieu de faire face au Nord et au Sud, comme précédemment, elles avaient maintenant leurs fronts tournés respectivement vers l'Est et vers l'Ouest. Les avant-postes italiens étaient placés à 6 kilomètres des Choans, qui s'étaient formés sur deux lignes parallèles, fortes de 40,000 fusils chacune. La première garnissait des hauteurs formant amphithéâtre ; elle était renforcée sur son front et sur ses flancs par des *ambas*, qui avaient été solidement occupés ; la plaine, en avant, était sillonnée de ravins. On ne pouvait songer à tourner cette position. Ménélik avaient fait dresser sa tente au centre de la deuxième ligne, qui se trouvait à quelques kilomètres plus à l'Ouest, vers Zatta. Son intention paraissait être de rester sur la défensive et d'attendre l'attaque des Italiens.

De son côté, le général Baratieri, connaissant, comme en témoignent ses dépêches, l'effectif de son adversaire, effectif qui, avec les 2,000 cavaliers Gallas et les corps armés seulement de la lance, dépassait 100,000 hommes, ne songeait plus à attaquer le camp choan ; il espérait que, de guerre lasse, Ménélik se déciderait à marcher contre ses positions, et il pensait que leur forte organisation compenserait en partie la disproportion du nombre.

Le déplacement du centre de gravité des troupes italiennes d'Adaga-Hamus à Entiscio avait rendu les conditions du ravitaillement plus difficiles. Tout l'Agamé est, en effet, un pays très montagneux, très âpre, profondément coupé par des précipices, hérissé de pics et d'*ambas* aux flancs inaccessibles ; dans la région comprise entre Adoua et Adigrat, qui forme la ligne de partage des eaux entre le Mareb et le Tacazzé, les sommets s'élèvent jusqu'à 3,000 mètres. Les seules voies tracées sont des pistes étroites et dangereuses, qui courent le long des abîmes, franchissent des cols élevés et descendent dans des crevasses profondes.

D'Asmara à Adigrat, la ligne d'étapes présentait les mêmes difficultés ; aussi les caravanes de mulets ne pouvaient-elles accomplir le parcours que très lentement ; les animaux de bât roulaient souvent dans les ravins, et le croisement des convois constituait chaque fois une opération des plus périlleuses. Les ressources, déjà très restreintes, dont disposait le général Baratieri pour transporter les approvisionnements d'un corps expéditionnaire dont l'effectif augmentait chaque jour, se trouvèrent réduites dans d'énormes proportions par une épizootie. En même temps, le surmenage contribuait à diminuer le nombre des mulets disponibles — sur les 12,000 animaux de bât réunis alors en Érythrée, 20 p. 100 à peine pouvaient être utilisés.

En présence de cette situation, le général Baratieri avait télégraphié au Gouvernement pour solliciter l'envoi en Afrique de 12 autres bataillons, de plusieurs batteries et surtout de nombreux moyens de transport. Les ministres, réunis en conseil, le 9 février, décidèrent d'expédier sans retard les renforts demandés, et donnèrent immédiatement les instructions nécessaires pour qu'un détachement de toutes armes, embarqué le 6 février à Naples, à destination d'Assab, s'arrêtât à Massaouah et se mît aux ordres du Gouverneur de l'Érythrée. Cette petite colonne, composée de manière à pouvoir agir isolément, comprenait :

- 1 bataillon d'infanterie ;
- 1 batterie de montagne ;
- 1 compagnie du génie ;
- 1 compagnie des subsistances ;
- 1 ambulance de la Croix-Rouge.

Elle avait été placée sous le commandement du colonel Pittaluga, qui avait reçu la mission d'organiser à Assab une ligne d'opération secondaire. L'intention du Gouvernement était peut-être de pousser ce détachement jusqu'à l'Aoussa, dont le Sultan, demeuré fidèle aux Italiens, venait de voir son pays envahi par les Choans ; mais le conseil des ministres renonça à son projet primitif pour pouvoir donner plus rapidement satisfaction à la pressante demande de secours du général Baratieri.

Les autres renforts partirent de Naples du 12 au 19 février. Cette troisième expédition comportait, y compris le détachement Pittaluga :

- 10 bataillons d'infanterie ;
- 2 bataillons de bersagliers ;
- 3 batteries de montagne ;
- 2 compagnies du génie ;
- 1 compagnie des subsistances ;
- 3 hôpitaux de campagne ;
- 2 ambulances de la Croix-Rouge ;
- 1 section du service de santé.

3º EXPÉDITION DE RENFORTS.

VAPEURS.	DÉPART de NAPLES.	ARRIVÉE à MASSAOUAH.	CHARGEMENT.			MATÉRIEL DIVERS.	UNITÉS TRANSPORTÉES.
			OFFICIERS.	TROUPES.	QUADRUPÈDES.		
Singapore (3,685 tonneaux)	6 février	15 février	68	1,050	137	4,328 quint.	21º bat. d'infanterie. 7º batt. de montagne. 1 comp. du génie. 1 comp. des subsist. 1 ambulance de la Croix-Rouge. } Détachement du colonel Pittaluga.
Domenico-Balduino (postal)	12 février	26 février	20	609	85	Fourrage	22º bataillon d'infanterie. 1 ambulance de la Croix-Rouge.
Gottardo (2,847 tonneaux)	14 février	25 février	21	632	466	3,036 quint.	23º bataillon d'infanterie. 4º bataillon de bersaglieri.
Pó (2,334 tonneaux)	14 février	25 février	21	609	467	3,292	24º bataillon d'infanterie.
Umberto Iᵉʳ (2,821 tonneaux)	14 février	25 février	47	1,317	»	1,402	25º bataillon d'infanterie.
Polcevera (2,170 tonneaux)	15 février	27 février	1	109	384	145	3 hôpitaux de campagne.
Indipendente (2,847 tonneaux)	17 février	27 février	23	768	183	1,948	26º bataillon d'infanterie. 8º batterie de montagne.
R. Rubattino (4,579 tonneaux)	17 février	27 février	46	1,409	400	2,323	27º bataillon d'infanterie. 28º bataillon d'infanterie. 1 compagnie du génie.
M. Minghetti (2,488 tonneaux)	18 février	28 février	2	129	336	2,175	Munitions.
Perseo (3,966 tonneaux)	19 février	27 février	60	1,222	76	1,651	29º bataillon d'infanterie. 5º bataillon de bersaglieri. 1 section de santé.
Bosforo (2,773 tonneaux)	19 février	29 février	26	777	192	841	30º bataillon d'infanterie. 9º batterie de montagne.
Giava (2,753 tonneaux)	22 février	4 mars	1	484	363	1,579	Conducteurs.
Mediterraneo (1664 tonneaux)	23 février	8 mars	1	99	317	Fourrage	Conducteurs.
Totaux			337	8,914	2,506	22,622 quint.	

L'inaction dans laquelle demeurèrent les deux partis jusqu'au 12 février peut être attribuée aux pourparlers qui avaient eu lieu pendant les journées précédentes. A la suite de l'autorisation accordée par le Conseil des ministres et de l'invitation instante de Ménélik, le major Salsa s'était en effet rendu auprès du Négus, porteur de propositions de paix établies sur les bases suivantes : renouvellement du traité d'Ucciali, cession de tout le territoire où avait été planté le drapeau italien. L'Empereur d'Éthiopie n'avait pas consenti à traiter dans ces conditions, et avait fait présenter au général Baratieri des contre-propositions comportant l'abandon des territoires nouvellement occupés, et une modification radicale du traité d'Ucciali. Le Gouverneur de l'Érythrée avait répondu, le 12 février, au Négus, que ses prétentions ne pouvaient être prises en considération et que les pourparlers devaient être considérés comme terminés, chacun restant libre de son action. L'envoi de cette lettre à Ménélik marqua la rupture définitive des négociations.

À ce moment, la situation des forces opposées était la suivante :

Dans le camp de Ménélik, les corps des ras Makonnen et Aloula se trouvaient sur les pentes méridionales du mont Tillilé, en arrière du torrent d'Unguja, à 7 kilomètres environ à l'Ouest des avant-postes italiens. Dans une vaste conque, située à une demi-heure plus à l'Ouest, entre le mont Tillilé et les monts Gandafta, se dressaient les tentes du Négus et de l'Impératrice Taïtù, au milieu du campement des autres chefs abyssins ; Mangascia formait l'extrême-gauche ; Mikaël et Taclé Aimanot étaient postés à l'extrême-droite, vers Gandafta et Adoua.

Les troupes italiennes étaient disposées de la manière suivante : une avant-ligne sur les monts, à l'Ouest d'Entiscio, constituée par la brigade Albertone (6 bataillons indigènes, avec 2 batteries de montagne indigènes et

2 batteries à tir rapide), les bandes et le bataillon de milice mobile ; à l'Est de la conque, sur les hauteurs dominantes, les brigades Dabormida et Arimondi en bataille, avec 6 batteries d'artillerie de montagne au centre ; 2 autres régiments en réserve.

Au total :   535 officiers ;
              10,620 blancs ;
              10,083 indigènes.

Le 12 février, le corps d'opérations italien se transporta sur les hauteurs du col Zala, qui étaient occupées précédemment par les avant-postes. Ce déplacement provoqua une certaine alerte dans les troupes choanes, qui s'avancèrent en grandes bandes vers le camp italien, puis se retirèrent dans leurs tentes sans prononcer d'attaque.

Le 13, dans la matinée, toute l'armée choane se porta en avant. Ménélik et les autres chefs avaient revêtu leurs équipements de combat, et, du côté des Italiens, on s'attendait à une attaque. Les Choans s'approchèrent jusqu'à portée de fusil des hauteurs sur lesquelles le général Baratieri avait déployé ses forces, mais ensuite ils rétrogradèrent.

Le 14, trois bataillons blancs et deux bataillons indigènes, avec une batterie à tir rapide, sortirent des lignes italiennes ; ils ne rencontrèrent que de la cavalerie Galla, qui les salua à grande distance par quelques coups de fusils, mais ils aperçurent de loin les masses choanes qui, sous la protection de leur cavalerie, se déplaçaient dans la direction d'Adoua.

Défection des bandes indigènes du ras Sebath et du dégiac Agos Tafari. — Affaires de Seeta et d'Alequa.

Sur ces entrefaites, la ligne d'étapes des Italiens avait été subitement menacée. Dans la nuit du 12 au 13 février, le ras Sebath et le dégiac Agos Tafari étaient passés du côté du Négus avec les bandes indigènes de l'Agamé, qu'ils commandaient pour le compte de l'Italie. Le 14, ils délogèrent du col de Seeta, à trois heures au Sud-Ouest d'Adigrat, le petit poste qui y avait été placé en observation. Les indigènes qui le composaient, se replièrent sur le fort d'Adigrat. Le colonel Ferrari envoya aussitôt 60 Italiens de la garnison avec le lieutenant Cisterni, réoccuper ce passage. Arrivé en vue du col à la tombée de la nuit, le détachement fut accueilli par une vive fusillade; il prit alors position pour attendre le jour.

Le bruit de l'engagement ayant été entendu à Adigrat, le colonel Ferrari fit partir 35 autres hommes, sous la conduite du lieutenant de Conciliis, pour aller renforcer le premier groupe. De Conciliis, surpris également par la nuit, dut s'arrêter avant d'avoir pu rejoindre son camarade; à l'aube, son peloton fut cerné et massacré en grande partie. Au même moment, Cisterni était attaqué de son côté, et parvenait à grand'peine à s'échapper.

Dans la soirée du même jour (15 février), le capitaine Moccagatta, qui, à la tête de 350 hommes, dont 200 Italiens, campait à Atabei pour garder la ligne d'étapes, apprit que les rebelles, maîtres du col de Seeta, se dirigeaient par les sentiers de la montagne sur le col d'Alequa; il détacha tout d'abord 100 indigènes, aux ordres du lieutenant Cimino, pour renforcer le poste qui gardait ce passage, puis, dans le courant de la nuit, 70 blancs, commandés par le lieutenant Negretti, qui escortèrent d'Atabei à Alequa un convoi retournant à Adigrat.

Le 16, dès l'aube, les bandes révoltées de l'Agamé couronnèrent les hauteurs qui dominent le col; après un combat très vif, elles écrasèrent le poste italien et s'emparèrent du convoi. Les lieutenants Cimino et Negretti furent tués. Les survivants s'enfuirent vers Adigrat.

Pendant ce temps, le capitaine Moccagatta, qui avait été prévenu de cette attaque, se mettait en route avec les hommes qui lui restaient. Son avant-garde, en approchant du col, n'entendant plus le bruit de la fusillade, crut que l'ennemi avait été repoussé, et s'avança imprudemment vers les tirailleurs postés dans le passage qu'elle prit pour des amis. Arrivé à 200 mètres, le peloton d'avant-garde fut accueilli par une violente décharge ; menacé bientôt après sur ses flancs, il se replia vers le gros du détachement, qui dut se contenter de couvrir la retraite, en combattant contre un adversaire très supérieur en nombre.

Averti des engagements qui avaient lieu sur la ligne de communications, le général Baratieri fit partir de suite deux compagnies qui parvinrent, le 17 février, à Atabei, où elles recueillirent et dégagèrent les débris de la compagnie Moccagatta, toujours poursuivie par les bandes de Sebath. Le 18, ces troupes se portèrent à l'attaque du col d'Alequa, et, après un combat très violent, obligèrent les rebelles à l'abandonner. De son côté, le major Valli, qui avait quitté le camp italien la nuit précédente, reprenait possession, avec le 7° bataillon indigène, du col de Seeta.

Sebath et Agos Tafari se retirèrent à l'Est du fort d'Adigrat, puis gagnèrent vers le Nord la ligne de ravitaillement des Italiens et allèrent s'établir aux environs de Debra-Matso, à l'Est de Mai-Marat. La présence des chefs du pays donna alors à l'insurrection une nouvelle impulsion et les bandes rebelles grossirent rapidement. Les fils télégraphiques furent plusieurs fois coupés et la sécurité des routes d'étapes se trouva sérieusement compromise. Pour remédier à cet état de choses, toutes les forces indigènes de Saganeiti et d'Adi-Caié furent appelées en toute hâte à Barachit, qui était particulièrement menacé. Le 7° bataillon indigène fut maintenu au col d'Alequa et le colonel Stevani reçut mission de protéger, avec deux bataillons de bersagliers, un bataillon de chasseurs et une batterie de quatre pièces, la ligne de communications entre Mai-Marat et Adigrat. Il laissa dans le fort d'Adigrat le bataillon de chasseurs et fit occuper Debra-Damo par un fort détachement. En même temps, trois bataillons qui avaient été placés à Adi-Ugri recevaient l'ordre de se rendre à Adi-Caié, pour garder les derrières.

Au cours de ces différents engagements avec les bandes de l'Agamé, les Italiens avaient éprouvé les pertes suivantes :

    97 tués ;
    30 blessés ;
    40 prisonniers.

Les armées italiennes et choanes continuent à s'observer. Nouvel envoi de renforts.

A partir du 13 février, Ménélik, sans s'éloigner beaucoup de ses positions primitives, va cependant fréquemment changer l'emplacement de son camp ; ces mouvements lents et indécis, tantôt dans une direction, tantôt dans une autre, paraissent n'avoir eu d'autre cause que la nécessité de procurer de nouveaux pâturages aux nombreux animaux qui formaient son convoi. Le 16 février, le général Baratieri, avec trois bataillons, alla reconnaître le campement du Négus, qui était situé à 15 kilomètres à l'Ouest des avant-postes italiens d'Addi-Dicchi et s'étendait, dans une large vallée, jusqu'à Mariam-Sciavitù ; il revint avec la conviction que ce serait folie d'aborder ces positions et que, d'ailleurs, la préparation d'une attaque par l'artillerie serait chose fort difficile.

Le 20, une nouvelle reconnaissance rencontra les Choans après quelques kilomètres de marche ; il y eut une petite escarmouche à l'avant-garde, qui empêcha les

Choans de déplacer leur camp, comme ils paraissaient en avoir l'intention.

Cependant, la défection de Sebath et d'Agos et la révolte de l'Agamé ne laissaient pas que de préoccuper le Gouverneur. Il fut donc amené à envisager l'éventualité de reporter ses forces vers Adi-Caié, sur une position plus en arrière, reliée en toute sécurité avec sa base d'opérations. Il jugea toutefois que la situation présente ne l'obligeait pas encore à abandonner la région où il s'était solidement organisé. Selon le général Baratieri (télégramme du 21 février), l'arrivée des derniers renforts (1) qui étaient en route devait porter à la limite extrême la force que pouvait atteindre le corps d'opérations, étant données les difficultés résultant de son organisation et de son ravitaillement, ainsi que de la nature du terrain.

Le 21 février, les tentes abyssines qui se trouvaient sur les monts Gandafta furent enlevées et le camp choan reporté plus au Sud, vers le mont Semajata.

Le 22, tous les corps de l'armée du Négus, échappant au contact immédiat des Italiens, allèrent se concentrer dans la conque d'Adoua, en laissant pour se couvrir un fort détachement dans le vallon de Mariam-Sciavitù. Ménélik fit également occuper le Pas de Gascorchi, sur la route du Mareb, et envoya, par Daro-Taclé, une grosse colonne en exploration sur Adi-Quala.

A cette date, le général Baratieri venait de se décider à ramener ses troupes aux environs d'Adi-Caié. Le peu de sécurité de ses lignes de communications, de plus en plus menacées par les bandes rebelles et par les populations insurgées de l'Agamé, l'insuffisance des services de ravitaillement, qui laissaient les troupes manquer de vivres, avaient motivé cette détermination, à laquelle il songeait depuis plusieurs jours, ainsi qu'il

---

(1) Troisième expédition.

ressort du télégramme du 21 février, analysé plus haut. Les convois et les bagages devaient partir dans la nuit du 23, et l'armée entière commencer sa retraite dans la matinée du 24 février. Cependant, la nouvelle du mouvement que le Négus entreprenait dans la direction de Godofelassi, modifia les projets du commandant en chef qui jugea nécessaire de différer sa retraite pour se donner le temps de reconnaître les intentions de son adversaire, et, s'il y avait lieu, d'y mettre obstacle.

Dans ce but, le major Ameglio, avec le 5e bataillon indigène, 300 hommes du Saraë et une section d'artillerie, fut détachée sur la rive droite du Mareb; en même temps, les dispositions furent prises, dans le camp italien, pour opérer le lendemain une grande démonstration, de manière à détourner le Négus de sa marche sur Gundet.

Le 24, à midi, 14 bataillons et 6 batteries se portèrent en avant en trois colonnes; les deux latérales se réunirent après avoir passé au Nord et au Sud du mont Addi-Cheras, la colonne centrale resta en réserve sur les pentes Sud de cette hauteur. Vers 4 heures, les Italiens arrivèrent en vue des petits postes choans, qui se replièrent; ils demeurèrent sur les lieux jusqu'à 7 heures du soir, sans brûler une cartouche, et regagnèrent leur campement après avoir allumé de grands feux de bivouac pour faire croire à leur présence.

Ce même jour, le major Ameglio occupa Adi-Quala et la crête du Mareb, sans rencontrer de partis choans. Les corps des ras Aloula, Mangascia et Olié, qui, la veille, avaient franchi le fleuve et refoulé devant eux des postes d'observation italiens (1), venaient en effet de rentrer

---

(1) Ces postes avaient été détachés antérieurement de la garnison d'Adi-Ugri pour surveiller le Mareb. La marche de la colonne choane les fit refluer sur Godofelassi où ils donnèrent l'alarme : les colons italiens établis dans cette localité se réfugièrent alors à Asmara.

dans Adoua. Le général Baratieri estima que ce mouvement offensif des Choans sur la rive droite du Mareb était une feinte destinée à le faire sortir de ses positions.

Le 24 février également, le ministre de la guerre télégraphiait au général Baratieri pour lui annoncer que le Gouvernement allait envoyer en Érythrée une quatrième expédition de renforts (1) comprenant :

> 4 bataillons alpins ;
> 2 bataillons de bersagliers ;
> 6 bataillons d'infanterie ;
> 4 batteries ;
> 1 compagnie du génie ;
> des services accessoires avec les convois correspondants et une réserve de 1000 mulets (2).

Cette mesure avait été provoquée par le manque de sécurité des lignes d'opérations, sur lesquelles il fallait escorter tous les convois. Les nouvelles troupes devaient, sous les ordres du général Heusch, former, en principe, une réserve spécialement chargée d'assurer les communications, tout en contribuant, s'il était nécessaire, à l'action directe contre le Négus.

La nomination du général Heusch, inspecteur des troupes alpines, plus ancien que le général Baratieri, l'augmentation donnée aux forces réunies en Érythrée, dont l'effectif devenait équivalent à celui d'un corps d'armée, furent les raisons probables qui, à cette époque,

---

(1) Les bataillons faisant partie de cet envoi de troupes furent armés du fusil modèle 1891. Les corps expédiés précédemment en Afrique possédaient l'ancien armement.

(2) Comme il n'était plus possible d'enlever de nouveaux éléments aux compagnies du train de l'armée permanente sans les désorganiser, le ministre décida que les conducteurs nécessaires aux troupes et aux services de la division Heusch seraient fournis par les régiments de cavalerie. Un millier de cavaliers environ partirent dans ces conditions pour l'Afrique, mais leur peu d'aptitude à la marche ne permit pas de les utiliser avec profit.

4ᵉ EXPÉDITION DE RENFORTS.

VAPEURS.	DÉPART de NAPLES.	ARRIVÉE à MASSAOUAH.	CHARGEMENT. OFFI- CIERS.	TROUPES.	QUADRU- PÈDES.	MATÉRIEL DIVERS.	UNITÉS TRANSPORTÉES.
Milo (2,804 tonneaux)........	27 février...	7 mars.....	36	898	225	887 quint.	3ᵉ bataillon alpin. / 10ᵉ batterie de montagne.
Adria (1,870 tonneaux).......	27 février...	7 mars....	39	647	41	Fourrage.....	2ᵉ bataillon alpin.
Serivia (2,423 tonneaux)......	27 février...	9 mars ...	41	1,264	38	580 quint.	6ᵉ bataillon de bersagliers. / 7ᵉ bataillon de bersagliers.
Sempione (3,008 tonneaux).....	27 février..	7 mars....	43	1,300	80	762	4ᵉ bataillon alpin. / 5ᵉ bataillon alpin.
Iniziativa (2,040 tonneaux)....	29 février...	10 mars....	42	360	301	30	11ᵉ batterie de montagne. / 12ᵉ batterie de montagne.
Adriatico (1,454 tonneaux)....	29 février...	9 mars....	22	690	40	206	31ᵉ bataillon d'infanterie.
Sumatra (1,880 tonneaux).....	29 février...	10 mars....	35	903	40	608	32ᵉ bataillon d'infanterie.
Etna (1,774 tonneaux)........	29 février...	9 mars....	37	660	31	362	33ᵉ bataillon d'infanterie. / 1 compagnie du génie.
Singapore (3,685 tonneaux)....	29 février...	8 mars....	55	1,220	139	76	34ᵉ bataillon d'infanterie. / 35ᵉ bataillon d'infanterie.
Paraguay (4,374 tonneaux)....	29 février...	11 mars..	21	676	40	239	36ᵉ bataillon d'infanterie. / 1 compagnie de carabiniers.
Bormida (2,303 tonneaux).....	2 mars.....	12 mars....	5	324	302	14	13ᵉ batterie de montagne. / Cavaliers conducteurs.
Plata (4,862 tonneaux)........	2 mars.....	12 mars....	1	259	390	303	Cavaliers conducteurs.
Montebello (2,352 tonneaux)...	5 mars.....	16 mars....	2	318	500	1,060	Cavaliers conducteurs.
Entella (2,558 tonneaux)......	8 mars.....	20 mars....	2	209	397	1,288	Cavaliers conducteurs.
TOTAUX.....	....	....	351	9,742	2,564	6,417 quint.	

engagèrent le Conseil des ministres à confier au lieutenant-général Baldissera tous les pouvoirs civils et militaires de la colonie, en lui conférant le titre de commandant en chef des troupes d'Afrique.

Le décret fut signé le 22 février, et le nouveau Gouverneur s'embarqua, ce même jour, en secret, sur le *Giava*, à destination de Massaouah. Cette désignation fut entourée, en effet, du plus grand mystère, car, selon toute vraisemblance, le Gouvernement voulait que le général Baratieri, encore pour plusieurs jours à la tête du corps expéditionnaire, ne fût informé que le plus tard possible de la nouvelle de son remplacement, nouvelle qui pouvait l'impressionner et lui faire perdre le sang-froid qu'exigeait la situation critique dans laquelle il se trouvait (1).

Le 25 février, eut lieu un petit engagement sur les lignes d'opérations. Le colonel Stevani, qui se trouvait à Mai-Marat, à la bifurcation des routes de Debra-Damo et d'Adigrat, pour protéger la circulation des convois, partit de nuit avec 2 bataillons de bersagliers, 2 compagnies du 7ᵉ bataillon indigène et une batterie, et réussit à surprendre les bandes du ras Sebath, qu'il mit en déroute. 5 bersagliers et 4 ascaris furent tués; 12 bersagliers et 16 ascaris blessés. Ce combat victorieux ramena un peu de sécurité sur les routes d'étapes.

Au camp italien d'Entiscio, les troupes italiennes étaient sur le qui-vive, les informateurs ayant annoncé une attaque imminente des Choans; on passa sous les armes les journées des 26 et 27 février, mais l'ennemi ne se présenta pas.

Cependant la disette se faisait de jour en jour plus

---

(1) Dans aucune des dépêches officielles adressées au général Baratieri il n'est fait allusion à cette nomination. Le décret le relevant de ses fonctions de Gouverneur de l'Érythrée ne fut signé que le 3 mars, après que la nouvelle du désastre d'Adoua fut parvenue en Italie.

cruellement sentir. On avait commencé à distribuer aux ascaris de l'orge à la place de farine. Les officiers avaient été mis à la ration du soldat. Le directeur de l'intendance avait prévenu le commandant des troupes qu'il n'était plus en mesure d'assurer le service de l'alimentation.

Le général Baratieri se rendait compte qu'il ne pouvait plus maintenir longtemps ses troupes dans l'Entiscio, en face de l'armée du Négus. Dans un des derniers télégrammes (28 février) qu'il expédia avant la bataille d'Adoua, il insiste en effet sur la lenteur et les difficultés croissantes du ravitaillement. Les causes de son mauvais fonctionnement doivent être attribuées, selon lui, à l'augmentation continuelle des effectifs, à l'allongement des lignes d'opérations, à l'insuffisance des moyens de transport et à la défectuosité des voies de communication. Il en conclut que « le moment n'est pas éloigné où les con- « sidérations stratégiques devront céder le pas aux exi- « gences matérielles », et termine en réclamant des animaux de bât en grand nombre.

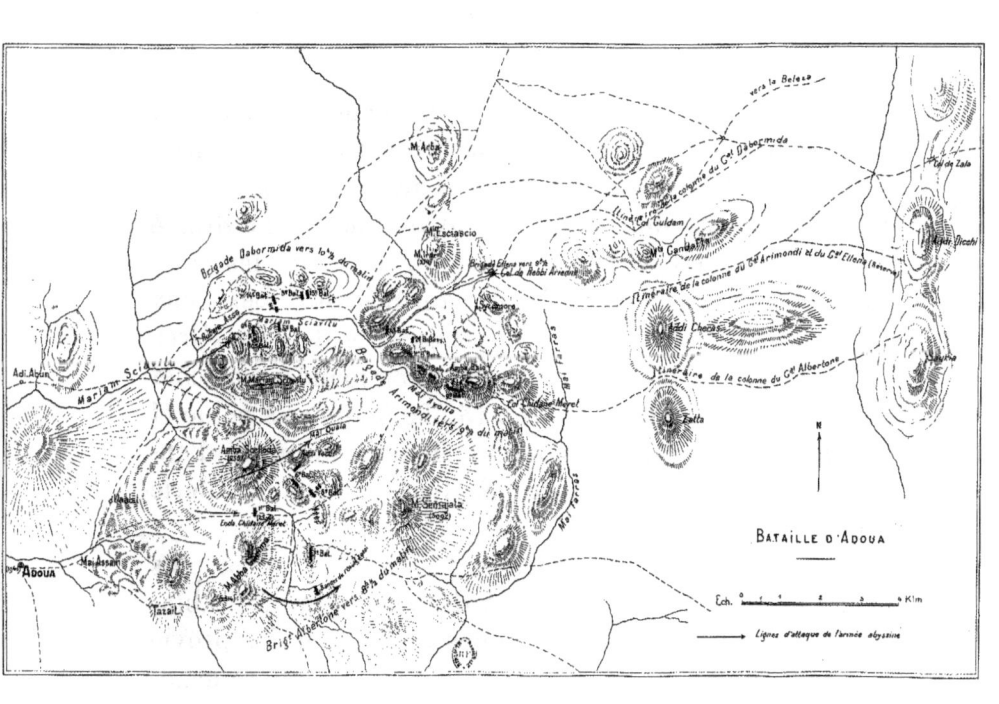

V

BATAILLE D'ADOUA

Répartition des troupes italiennes dans la soirée du 29 février. — Ordre de mouvement pour la journée du 1ᵉʳ mars 1896. — Composition des colonnes. — Marche d'approche vers les cols de Rebbi-Arienne et de Chidane-Meret. — Combat de la brigade Albertone. — Combat des brigades Arimondi et Ellena. — Combat de la brigade Dabormida. — Retraite du convoi sur Adi-Caié.

Il y avait quinze jours que le corps d'opérations italien campait sur les hauteurs de Zala, Addi-Dicchi et Sauria, à l'Ouest d'Entiscio, en face de l'armée abyssine qui, après quelques déplacements, avait finalement dressé ses tentes à l'Est et au Nord-Est d'Adoua, sur les positions d'Abba-Garima et de Mariam-Sciavitù. Les deux adversaires se trouvaient à une trentaine de kilomètres l'un de l'autre ; mais, tandis que le commandant en chef italien pouvait mettre en ligne 15,000 hommes à peine et 56 pièces de canon, l'Empereur Ménélik disposait d'environ 80,000 fusils avec de l'artillerie et une cavalerie nombreuse et hardie.

Du côté italien, la disette se faisait de plus en plus sentir et le ravitaillement était désormais impraticable, si l'on ne rapprochait les troupes de la base d'approvisionnement. L'expectative ne pouvait se prolonger davantage ; il fallait prendre un parti. Le commandant en chef réunit en conséquence, le 28 février au soir, les quatre généraux qu'il avait sous ses ordres et leur exposa la situation. Sans tenir compte de la disproportion des forces qui était cependant connue, tous furent d'avis qu'il valait mieux attaquer que de se retirer sans combattre. C'eût été, selon eux, démoraliser les troupes, qui montraient un entrain remarquable.

Le général Baratieri, encouragé par l'opinion de ses subordonnés, et sans que rien, dans ses dépêches au Gouvernement italien, eût fait prévoir une action de ce genre, résolut d'exécuter, dans la nuit du 29 février au 1er mars, une marche offensive dans la direction du camp choan. Son intention était d'aller s'installer sur les hauteurs avoisinant les cols de Rebbi-Arienne et de Chidane-Meret, qu'il supposait faiblement gardées, pour attirer par cette démonstration tout ou partie des forces du Négus. Appuyé alors sur ces positions, auxquelles il attribuait une très grande valeur, il espérait, même avec des forces restreintes, pouvoir remporter un succès partiel. De toute manière, il pensait que la retraite, imposée désormais par les exigences matérielles, paraîtrait moins pénible après une manifestation de la vitalité et de l'ardeur du corps expéditionnaire. Le commandant en chef italien supposait, en outre, le moment bien choisi pour risquer une opération contre le camp choan; ses informateurs lui avaient persuadé, en effet, que des discordes y régnaient entre les chefs, que le roi du Godjam était résolu à ne pas se battre, que de nombreuses évacuations de malades avaient lieu chaque jour sur le Tembien.

Enfin, parmi les raisons que le général italien fit valoir plus tard pour sa défense, il mentionna l'impossibilité matérielle de faire vivre et manœuvrer, sur l'échiquier montagneux de l'Agamé, un corps d'opérations présentant un effectif supérieur à celui qu'il avait sous ses ordres dans la journée du 1er mars.

On a prétendu en Italie, après le désastre d'Adoua, que le général Baratieri, en engageant ses troupes dans une action offensive contre le Négus, avait été guidé par des motifs étrangers à des considérations d'ordre purement militaire; on a dit notamment qu'il avait été avisé de son remplacement par le général Baldissera, et que cette nouvelle avait provoqué sa détermination; mais le général Baratieri prouva devant le conseil de guerre, appelé au mois de juin à juger sa conduite (1), qu'il n'avait pu avoir connaissance en temps utile de la première dépêche adressée au général Baldissera à Massaouah.

D'autre part, les considérants du jugement qui clôtura le procès disent, en propres termes : « La décision imprévue du 29 février peut s'expliquer par l'insistance avec laquelle le Gouvernement invita, sans y mettre toujours assez de mesure, le général Baratieri à sortir de son inaction, et par la douleur que peut causer à un commandant en chef une retraite entreprise avant d'avoir tenté le sort des armes ».

Répartition des troupes italiennes dans la soirée du 29 février. Ordre de mouvement pour la journée du 1ᵉʳ mars.

Dans la soirée du 29 février, le corps expéditionnaire italien était établi sur les hauteurs de Sauria à Zala (2) ; ses avant-postes s'étendaient dans la plaine, à l'Ouest de cette ligne de montagnes, ainsi que sur l'éperon qui se détache à l'Est du mont Addi-Cheras :

A droite, au col de Zala. ... { 2ᵉ brigade d'infanterie ; 2ᵉ groupe d'artillerie.

Au centre, sur les hauteurs d'Addi-Dicchi.......... } 1ʳᵉ brigade d'infanterie.

A gauche, sur les hauteurs de Sauria............... { Brigade indigène. 1ᵉʳ groupe d'artillerie.

En arrière du centre, sur le revers des hauteurs d'Addi-Dicchi.................. } 3ᵉ brigade d'infanterie.

Au total : 14,500 fusils et 56 pièces.

Dans cet effectif ne figuraient pas les détachements affectés à la colonne des équipages et au parc d'artillerie

---

(1) Traduit devant un conseil de guerre sous l'inculpation d'abandon du commandement en chef, du 1ᵉʳ mars, à midi et demi, jusqu'au 3 mars, à 9 heures du matin, le général Baratieri fut *absous mais déclaré incapable* (14 juin 1896).

(2) Voir le croquis de la bataille d'Adoua.

qui se trouvaient groupés près d'Entiscio. Dans la journée du 29, le général Baratieri rappela d'Adi-Quala la colonne du major Ameglio (5ᵉ bataillon indigène, 300 hommes du Saraë et une section d'artillerie), qui avait été envoyée le 23 février sur la rive droite du Mareb ; toutefois ce détachement ne fut pas de retour assez à temps pour prendre part à l'opération du 1ᵉʳ mars.

Afin de garder la ligne de communications jusqu'à Addi-Caié, le commandant en chef italien avait fait occuper Mai-Marat, depuis le 27 février, par le régiment Di Boccard (12ᵉ, 18ᵉ et 20ᵉ bataillons italiens), qui avait renforcé cette localité par des retranchements. Deux compagnies de ce régiment servaient d'escorte aux caravanes. En outre, un bataillon d'infanterie, le 17ᵉ, se trouvait à une étape en arrière, à Barachit.

L'ordre de mouvement, préparé dans la nuit du 28 février, fut communiqué aux troupes dans la matinée du 29. Il était ainsi conçu :

« Ordre du jour (n° 87). 29 février 1896.

« Ce soir, le corps d'opérations se mettra en mouve-
« ment et quittera la position de Sauria pour se porter
« dans la direction d'Adoua ; il formera les colonnes
« ci-après :

« *Colonne de droite* (général Dabormida) :

« 2ᵉ brigade d'infanterie ;
« Bataillon de milice mobile ;
« 5ᵉ, 6ᵉ et 7ᵉ batteries de montagne.

« *Colonne du centre* (général Arimondi) :

« 1ʳᵉ brigade d'infanterie ;
« 1ʳᵉ compagnie du 5ᵉ bataillon indigène ;
« 8ᵉ et 11ᵉ batteries de montagne (1).

---

(1) Les batteries, envoyées en Érythrée avant le 1ᵉʳ mars, n'avaient pas conservé les numéros qui correspondaient à l'ordre dans lequel

« *Colonne de gauche* (général Albertone) :

  « Quatre bataillons indigènes ;
  « 1re, 2e, 3e et 4e batteries de montagne.

« *Réserve* (général Ellena) :

  « 3e brigade d'infanterie ;
  « 3e bataillon indigène ;
  « Deux batteries à tir rapide ;
  « 1/2 compagnie du génie.

« Les colonnes Dabormida, Arimondi et Albertone
« quitteront leurs campements respectifs à 9 heures du
« soir ; la réserve se mettra en marche à 1 heure du
« matin, après le départ du dernier élément de la colonne
« centrale.

« La colonne de droite suivra la direction col de Zala,
« col Guldam, col de Rebbi-Arienne.

« La colonne centrale et la réserve, la direction Addi-
« Dicchi, Gandafta, col de Rebbi-Arienne.

« La colonne de gauche, la direction Sauria, Addi-
« Cheras, col de Chidane-Meret. Le quartier général
« marchera en tête de la réserve.

« Premier objectif : la position formée par les cols de
« Chidane-Meret et de Rebbi-Arienne entre le mont Se-
« majata et le mont Esciascio ; l'occupation en sera faite
« à gauche par la colonne Albertone, au centre par la
« colonne Arimondi, à droite par la colonne Dabormida.
« Toutefois, si les colonnes Albertone et Dabormida suf-
« fisent pour garnir les hauteurs, la colonne Arimondi
« prendra une position d'attente, en arrière de ces deux
« brigades.

---

elles avaient été formées. Les deux batteries indigènes portaient les nos 1 et 2 ; les sept batteries de montagne et les deux batteries à tir rapide, qui prirent part à la bataille d'Adoua, étaient désignées par la série des numéros de 3 à 11 inclus.

« *Avertissement :*

« Chaque soldat italien emportera avec lui la dotation
« de cartouches qui lui est propre (112), 2 journées de
« vivres de réserve, la capote, le bidon et la poche à
« pain.

« A la queue de chaque colonne, marcheront groupés
« les animaux de bât de chaque bataillon italien : 2 bêtes
« de somme avec le matériel sanitaire et 8 autres portant
« les munitions de réserve.

« Tous les animaux de bât restants seront escortés dans
« les conditions suivantes : un soldat par 5 animaux, en
« plus des conducteurs ; un gradé par bataillon ou bat-
« terie, un officier subalterne par régiment d'infanterie
« et un capitaine pour tous les équipages ; ils seront
« réunis à Entiscio.

« Les troupes d'escorte auront la journée de vivres,
« distribuée aujourd'hui pour demain, les 30 cartouches
« par homme, délivrées aujourd'hui par le parc, les
« tentes, les couvertures et le matériel que les corps
« n'emportent pas. Les susdits équipages, aussi bien
« que la section des subsistances, les différents services
« des étapes et le parc d'artillerie demeureront à Entiscio,
« prêts à se mettre en marche quand ils en recevront
« l'ordre, sous la protection d'un détachement du 7e ré-
« giment d'infanterie qui arrivera ce soir de Mai-Gabeta.

« Les groupes d'artillerie et les bataillons indigènes
« organiseront leurs équipages d'une manière analogue
« à celle qui est prescrite pour les bataillons italiens.

« Personne ne dépassera les hommes de pointe ou les
« flanqueurs des colonnes.

« Toutes les personnes arrêtées par le détachement de
« sécurité seront envoyées au plus vite au commande-
« ment.

« Le directeur du service du génie pourvoira au prolon-
« gement de la ligne télégraphique à la suite du quartier

« général et prendra ses dispositions pour que celui-ci
« soit mis, aussitôt qu'il sera possible, en communication
« par le télégraphe optique avec les colonnes qui se
« trouveront sur ses flancs ou en avant de lui.

« Les commandants des différentes colonnes se relie-
« ront fréquemment avec le quartier général et avec les
« colonnes voisines.

« *Le lieutenant général,*

« Signé : O. BARATIERI. »

Composition des colonnes.

Voici, à titre de renseignement, et pour permettre de suivre le développement des opérations, quelle était la composition détaillée des différentes colonnes, ainsi que des troupes laissées à la garde du convoi :

Brigade indigène (ALBERTONE).

	Fusils.	Pièces.
1er bataillon indigène..................	950	»
6e —	850	»
7e —	950	»
8e —	950	»
Bandes de l'Okulé-Kusai.................	376	»
1re batterie de montagne indigène.........	»	4
2e section de la 2e batterie indigène........	»	2
3e batterie de montagne.................	»	4
4e —	»	4
TOTAL..........	4,076	14

1re *brigade d'infanterie* (ARIMONDI).

	Fusils.	Pièces.
1er régiment. { 1er bataillon de bersagliers...	423	»
2e — ...	350	»
2e régiment. { 2e bataillon d'infanterie.....	450	»
4e —	500	»
9e —	550	»
1re compagnie du 5e bataillon indigène.....	220	»
8e batterie de montagne.................	»	6
11e —	»	6
TOTAL..........	2,493	12

2ᵉ brigade d'infanterie (DABORMIDA).

		Fusils.	Pièces.
3ᵉ régiment.	5ᵉ bataillon d'infanterie.....	430	»
	6ᵉ — —	430	»
	10ᵉ — —	450	»
6ᵉ régiment.	3ᵉ bataillon d'infanterie.....	430	»
	13ᵉ — —	450	»
	14ᵉ — —	450	»
Bataillon de milice mobile indigène........		950	»
Compagnie indigène d'Asmara (appel en masse).........................		210	»
2ᵉ groupe d'artillerie.	5ᵉ batterie de montagne.....	»	6
	6ᵉ — —	»	6
	7ᵉ — —	»	6
	TOTAL..........	3,800	18

3ᵉ brigade d'infanterie (ELLENA).

		Fusils.	Pièces.
4ᵉ régiment.	7ᵉ bataillon d'infanterie....	450	»
	8ᵉ — —	450	»
	11ᵉ — —	480	»
5ᵉ régiment.	Bataillon alpin.............	550	»
	15ᵉ bataillon d'infanterie....	500	»
	16ᵉ — —	500	»
3ᵉ bataillon indigène...................		1,150	»
1ʳᵉ batterie à tir rapide (n° 9).............		»	6
2ᵒ — — (n° 10).............		»	6
1/2 compagnie du génie.................		70	»
	TOTAL..........	4,150	12
	TOTAL GÉNÉRAL..........	14,519	56

Entre Zala et Entiscio se trouvaient, avec la colonne des bagages et le parc d'artillerie :

Une compagnie du 12ᵉ bataillon d'infanterie..........................	120 hommes.
Bersagliers........................	115 —
Conducteurs armés du fusil (moitié Italiens et moitié indigènes)............	1400 —
Conducteurs armés du revolver (Italiens).	200 —
Indigènes non armés du fusil, affectés à différents services dans les corps de troupes........................	900 —

Marche d'approche vers les cols de Rebbi-Arienne et de Chidane-Meret.

Les trois brigades Dabormida, Albertone et Arimondi se mirent en marche, comme l'ordre en avait été donné, entre 9 heures et 9 h. 1/2 du soir ; la brigade Ellena partit à 11 heures, à la suite de la brigade Arimondi.

Le clair de lune favorisait la marche des colonnes.

Il ne se produisit aucun incident pendant le trajet entre la ligne Zala—Sauria et celle des monts Gandafta—Addi-Cheras ; mais près de ce dernier massif montagneux, la brigade Albertone, au lieu de continuer son mouvement vers l'Ouest dans la direction du col de Chidane-Meret, appuya au Nord vers le col de Rebbi-Arienne et alla couper la brigade Arimondi. Le croisement eut lieu entre 2 h. 1/2 et 3 heures du matin, dans un passage environné d'escarpements qui ne permettaient pas de sortir de l'unique sentier existant ; la brigade Arimondi fut obligée de suspendre son mouvement pendant plus d'une heure et demie, jusqu'à ce que toute la brigade Albertone eut défilé et repris ensuite sa marche dans la direction du col de Chidane-Meret. La brigade Ellena qui suivait la brigade Arimondi dut également stationner un certain temps.

Le général Dabormida arriva sans encombre avec sa brigade à 5 h. 1/4 au col de Rebbi-Arienne et s'y arrêta. Il fut très surpris de ne pas trouver trace, sur sa gauche, de la brigade Albertone qui devait occuper, conformément à l'ordre donné, les hauteurs avoisinant le col de Chidane-Meret. La colonne indigène était passée, il est vrai, vers 3 h. 1/2 en ce point, mais après une halte d'une heure elle avait continué à avancer dans la direction d'Enda-Chidane-Meret.

La brigade Arimondi, après son arrêt forcé près d'Addi-Cheras, se remit en mouvement à 4 h. 1/2 et vers 6 heures elle parvint à 1 kil. 1/2 du col de Rebbi-Arienne où se trouvait encore la brigade Dabormida. Elle reçut à ce moment, du commandant en chef, l'ordre de se masser en attendant les événements et de détacher un bataillon sur sa droite pour assurer sa liaison avec la brigade Dabormida.

Vers 6 h. 1/2, le général Baratieri, accompagné de son quartier général, atteignit lui-même le col de Rebbi-Arienne. Comme ses informateurs le lui avaient annoncé plusieurs heures auparavant, les objectifs de sa marche, Rebbi-Arienne et Chidane-Meret, n'étaient pas occupés par les troupes du Négus, mais on entendait une vive fusillade dans la direction du Sud-Ouest; le général italien en conclut que la brigade indigène avait dû se porter trop en avant. Abandonnant alors sa conception première d'attendre son adversaire sur la position dont il avait fait choix, il donna l'ordre à la brigade Dabormida de se porter à 800 mètres en avant, sur les pentes des monts Esciascio, pour prêter main-forte, s'il était nécessaire, aux bataillons indigènes. Il prescrivit, en même temps, à la brigade Arimondi de remplacer la brigade Dabormida au col même et, à la brigade Ellena, de venir s'y placer en seconde ligne.

En raison de la nature difficile du terrain, ces déplacements ne purent s'exécuter que très lentement. Ils furent achevés vers 8 heures du matin.

Le général Baratieri, qui était monté sur une hauteur, au Sud des monts Esciascio, put alors apercevoir, dans le lointain, le camp choan de Mariam-Sciavitù et les troupes d'Albertone fortement engagées, à 7 kilomètres dans le Sud, près des monts Abba-Garima. Le bruit du combat soutenu par la colonne indigène augmentait d'intensité, et le canon se faisait entendre de ce côté; mais le commandant en chef, ne jugeant pas opportun d'envoyer directement des secours au général Albertone, se contenta d'ordonner à la brigade Dabormida de s'avancer, de manière à appuyer la droite de la colonne indigène, et à la brigade Arimondi d'aller prendre position sur le mont Raio ; il se transporta lui-même en ce point (8 h. 20).

Les trois colonnes italiennes se battirent sur des emplacements distincts, éloignés les uns des autres, et séparés par des obstacles importants. Leur action fut isolée et indépendante ; chaque groupe, livré à lui-même, sans liaison avec les autres, eut son combat particulier, ne reçut l'appoint d'aucun renfort et passa, à des heures différentes, par les phases successives de la lutte et de la retraite. Il a paru, par suite, rationnel d'exposer successivement l'engagement de chacune des brigades.

Combat de la brigade Albertone.

Le général Albertone, après avoir atteint le col de Chidane-Meret, où il devait prendre position, en repartit à 4 h. 1/2 et marcha, à une allure très vive, par le mont Semajata, sur le col d'Enda-Chidane-Meret.

Ce mouvement, qui n'avait pas été ordonné, aurait été occasionné, a-t-on dit après la bataille, par une confusion résultant des indications portées sur le croquis sommaire du terrain, qui avait été établi par l'État-Major italien d'après des renseignements fournis par les habitants de la région. En effet, sur ce croquis, distribué peu de temps avant le départ, la désignation du col de Chidane-Meret est attribuée au col qui se trouve au Sud-Est et à proximité du mont Raio. C'est bien ce point que la brigade indigène devait occuper, conformément aux ordres de mouvement et aux instructions verbales détaillées que donna, le 29 février, à 5 heures du soir, le commandant en chef à ses généraux. D'autre part, il existe, entre les monts Abba-Garima et Scelloda, un col connu dans le pays sous le nom d'Enda-Chidane-Meret ; se fiant sans doute trop complètement aux guides indigènes, qu'il avait chargés de conduire sa colonne au col de Chidane-Meret, le général Albertone se laissa entraîner jusqu'aux monts Abba-Garima, à 7 kilomètres de l'emplacement bien défini qui lui avait été assigné. Cette erreur devait causer la ruine de sa brigade et contribuer à compromettre l'issue de la bataille.

Le 1er bataillon indigène, qui formait l'avant-garde, avait pris une avance considérable ; il arriva en vue du col d'Enda-Chidane-Meret à 5 h. 1/2 du matin. Sa mission était d'occuper l'ensellement jusqu'à l'arrivée du gros de la brigade ; toutefois, il ne s'arrêta pas au col et marcha contre les avant-postes choans, qu'on apercevait à 1 ou 2 kilomètres à l'Ouest dans la direction d'Adoua. L'alarme fut ainsi donnée dans le camp du Négus et, quelques instants après, un groupe de 5,000 à 6,000 guerriers abyssins, rassemblés en hâte, fit face à l'attaque (6 h. 1/2).

Bientôt le 1er bataillon fut obligé de reculer ; il exécuta ce mouvement progressivement et contint les Abyssins pendant plus d'une heure ; au bout de ce temps, accablé sous le nombre, il dut repasser l'ensellement de l'Enda-Chidane-Meret avec les Choans sur les talons.

Sur ces entrefaites, le gros de la brigade arrivait dans la conque située à l'Est du col. Le général Albertone, surpris de ne pas apercevoir le 1er bataillon en position, envoya à sa recherche et fit masser ses troupes. En outre, il détacha une partie du 6e bataillon vers la droite, sur les hauteurs d'Addi-Vecci, afin de se relier à la brigade Dabormida, qu'il supposait ne pas devoir tarder à arriver de ce côté.

Tout à coup, une fusillade très vive lui fit comprendre que le 1er bataillon devait être engagé contre des forces très supérieures et, presque au même moment, il aperçut, en effet, dans l'échancrure de l'Enda-Chidane-Meret, l'immense camp abyssin qui se mettait en mouvement.

Jugeant imprudent de s'aventurer au delà de la ligne Abba-Garima—Amba-Scelloda, avant d'avoir établi, au préalable, sa liaison avec les autres brigades, le général Albertone résolut de se maintenir dans la position où il se trouvait et d'y attendre les Choans.

A ce moment, il expédia le compte rendu suivant au général Baratieri :

« Le 1er bataillon paraît fortement engagé au col de « Chidane-Meret; le restant de nos troupes est posté en « arrière ; je m'occupe de dégager le 1er bataillon. Des « renforts seraient les bienvenus. — 8 h. 1/4. »

La ligne sur laquelle le général Albertone comptait se défendre se composait d'une série de hauteurs de faible élévation, disposées en arc de cercle et dominées, à une distance de 2,000 mètres environ, par les monts Abba-Garima, Amba-Scelloda et Addi-Vecci; elles favorisaient, par suite, l'action des feux de l'artillerie et de l'infanterie. En arrière, le terrain, qui allait en s'abaissant vers l'Amba-Raio, permettait d'opérer assez facilement une retraite.

Étant donné le faible effectif dont il disposait, le commandant de la brigade indigène se décida à conserver toutes ses troupes massées. Il laissa sur sa droite une seule compagnie et, sur sa gauche, les bandes de l'Okulé-Kusai ; il envoya, en outre, quelques autres détachements vers l'Amba-Scelloda et l'Abba-Garima, ainsi que sur les flancs.

Les troupes étaient à peine déployées quand, à 8 h. 1/2, le 1er bataillon indigène apparut en pleine déroute; au même moment, des bandes nombreuses de Choans couronnèrent les hauteurs presque inaccessibles de l'Abba-Garima et de l'Amba-Scelloda.

Les 14 pièces italiennes ouvrirent alors le feu ainsi que les bataillons qui étaient les plus rapprochés de l'assaillant. A quatre reprises, les Choans tentèrent, sans succès, de descendre par l'ensellement de l'Enda-Chidane-Meret.

Le général Albertone était sur le point d'opérer un retour offensif lorsqu'une forte colonne ennemie, évaluée à 30,000 hommes, s'avança rapidement par les monts Abba-Garima contre la gauche de la position italienne occupée par le 7e bataillon indigène. Des masses nombreuses apparurent en même temps, au Nord, sur les hauteurs d'Addi-Vecci, pendant que plusieurs pièces d'artillerie choane à tir rapide, mises en batterie au col d'Enda-Chidane-Meret, commençaient à tirer.

Les batteries italiennes furent alors obligées de répartir leur feu sur différents objectifs; la compagnie postée à Addi-Vecci ne put tenir. De leur côté, les 6e et 8e bataillons, établis à la droite des batteries, commencèrent à être très éprouvés par le tir des Choans, qui les attaquaient sur le front et sur leur flanc droit.

Toutes les troupes du général Albertone se trouvaient engagées; les flancs étaient débordés par deux grosses colonnes qui enserraient progressivement la brigade indigène d'un cercle de feu (9 h. 1/2).

Les débris du 1er bataillon, dont presque tous les officiers avaient été tués, après avoir abandonné le col d'Enda-Chidane-Meret, s'étaient enfuis dans la direction du mont Raio, sans qu'il eût été possible de les retenir. Les guerriers abyssins de la colonne du Nord les poursuivaient de près.

Vers 10 heures, une partie de la colonne choane, qui était descendue des monts Abba-Garima, attaqua avec vigueur le 7e bataillon indigène et les bandes de l'Okulé-Kusai, qui soutinrent le choc.

Jusqu'à 11 heures, les troupes de la brigade Albertone résistèrent encore, en exécutant de différents côtés des contre-attaques à la baïonnette; mais, pendant ce temps, l'enveloppement était devenu presque complet, et les lignes étaient fusillées de front, de flanc et sur les derrières.

Après avoir subi des pertes considérables et vu tomber la plupart de leurs officiers, les troupes indigènes commencèrent à se retirer, d'abord par petits groupes, puis par unités entières. Ce mouvement de retraite, entamé par le 8ᵉ bataillon, entraîna les 6ᵉ et 7ᵉ bataillons. Les batteries restèrent les dernières en position ; à 11 h. 1/4, elles avaient consommé toutes leurs munitions (90 coups par pièce), lorsque les Choans y pénétrèrent ; elles avaient perdu presque tous leurs officiers, tous leurs servants et tous leurs mulets.

Grâce à une contre-attaque à la baïonnette d'une compagnie du 7ᵉ bataillon, on put sauver 3 pièces ; mais, après une demi-heure de retraite, tous les canons tombèrent entre les mains des Choans (11 h. 3/4).

Les troupes indigènes, complètement épuisées, sans chefs et sans direction (1), ne purent se reformer et se débandèrent. Dans leur fuite, les ascaris se disséminèrent dans différents sentiers de la montagne ; ceux qui purent s'échapper se dirigèrent d'abord vers Sauria, et de là remontèrent vers le Nord.

Combat des brigades Arimondi et Ellena.

La position sur laquelle la brigade Arimondi avait reçu, à 8 h. 20, l'ordre de se porter, était constituée par une ligne de hauteurs dont le faîte présente une arête en forme de lame de couteau. Cette crête, comprise entre le torrent du Rubaja-Assa et celui du Mai-Avolla, forme un arc de cercle dont la convexité est tournée vers le Sud-Ouest. Un éperon escarpé domine le confluent des deux ruisseaux. Le point le plus élevé de l'arête est l'Amba-Raio. La plus forte dépression est marquée par un ensellement de 300 à 400 mètres de large, à l'Ouest du mont Raio.

---

(1) A 11 heures du matin, le général Albertone disparut et cessa d'exercer son commandement sur le champ de bataille.

Un sentier difficile, venant de Rebbi-Arienne, la franchit. A l'Est du mont Raio se trouve une autre dépression, qui livre également passage à un mauvais sentier.

Les pentes vers le Mai-Avolla sont escarpées et couvertes de buissons épais, favorables au plus haut degré au cheminement de troupes agiles qui, comme les Abyssins, savent tirer parti des moindres accidents du sol. La raideur du versant crée de nombreux angles morts. Au pied du mont Raio et du piton, situé à l'Est, le terrain est relativement praticable, mais le sommet rocheux de la ligne de hauteurs est d'un parcours difficile. La crête enserre une petite conque, en forme d'entonnoir, dont le centre est marqué par un sycomore. Plus au Nord encore, la région redevient montagneuse, accidentée et coupée.

A 9 heures, le 2⁰ régiment (2⁰ et 9⁰ bataillons) atteignit l'ensellement à l'Ouest du mont Raio. Le commandant en chef, qui venait de s'installer avec son quartier général près du mont Raio sur une éminence rocheuse, où il demeura pendant toute la durée du combat de la brigade Arimondi, ne crut pas devoir faire avancer ces troupes au secours de la brigade indigène, qu'il savait engagée, mais qu'il considérait comme irrémédiablement compromise dans sa lutte trop éloignée ; il envoya à ce moment au général Albertone l'ordre de se replier, mais il était trop tard ; la colonne de gauche était déjà défaite. Il dirigea donc le 2⁰ bataillon sur les hauteurs, au Nord-Ouest du col, et le 9⁰ avec la 8⁰ batterie (1) sur le mont Raio.

Le 2⁰ bataillon commençait à gravir les pentes lorsque apparurent devant le mont Raio des bandes de soldats indigènes, emportés dans une fuite désordonnée et mêlés aux fantassins abyssins et aux cavaliers gallas, qui les

---

(1) La 11⁰ batterie, partie de Mai-Marat le jour précédent, ne put arriver que vers midi au col de Rebbi-Arienne, après une marche très pénible de 60 kilomètres.

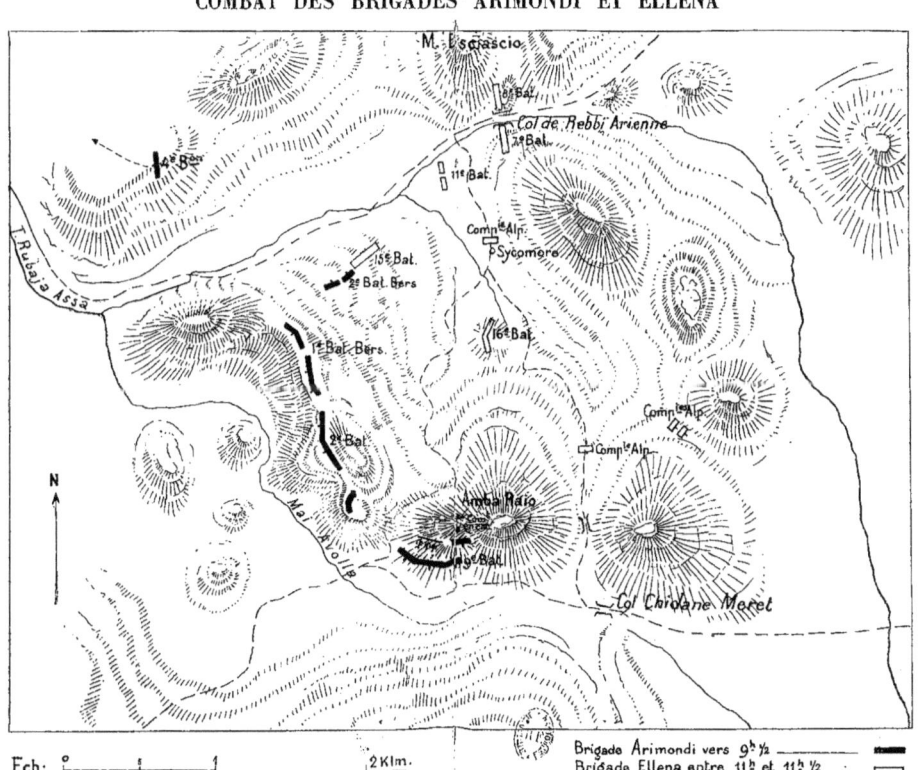

poursuivaient. Les sonneries de « halte » ne purent arrêter cette masse de fuyards, débris du 1ᵉʳ bataillon de la brigade indigène, et la batterie n'osa pas ouvrir le feu, de crainte de frapper des troupes italiennes. Il en résulta que des groupes importants d'Abyssins purent aisément s'avancer jusqu'au pied des hauteurs occupées par la brigade Arimondi. Là ils s'arrêtèrent et se dissimulèrent dans les petits ravins et dans les excavations. Les ascaris en profitèrent pour disparaître, sans être poursuivis, par le col de Chidane-Meret, dans la direction de Sauria (9 h. 1/2).

A ce moment, la brigade Ellena se trouvait aux environs du col de Rebbi-Arienne.

Vers la même heure, le général Baratieri reçut la demande de renforts envoyée par le général Albertone ; de toute manière, il n'était plus en mesure de la satisfaire, car la brigade Arimondi était désormais obligée de se défendre elle-même contre les Choans, qui faisaient irruption de toutes parts.

La masse principale des Abyssins, qui menaçait la gauche de la position, venait de déterminer le commandant en chef à porter de ce côté le 3ᵉ bataillon indigène (1) avec les deux batteries à tir rapide de la brigade Ellena, et à envoyer comme soutien à l'artillerie, d'abord deux pelotons du 1ᵉʳ bataillon de bersagliers, puis une compagnie du 2ᵉ. Pendant ce temps, le colonel du 1ᵉʳ régiment de bersagliers déployait le 1ᵉʳ bataillon au Nord du 2ᵉ bataillon d'infanterie et plaçait les deux compagnies du 2ᵉ (2) en réserve, en arrière de l'aile droite, pour faire face à une autre attaque qui se dessinait

---

(1) Bataillon du lieutenant-colonel Galliano.
(2) Le 2ᵉ bataillon de bersagliers était réduit à ces deux seules compagnies. Une compagnie avait été envoyée en soutien de l'artillerie et 100 hommes étaient restés à Entiscio pour fournir l'escorte du convoi.

contre cette extrémité de la ligne de défense. C'était la tête de la grosse colonne choane qui, après avoir débordé le flanc droit de la brigade Albertone, avait continué son mouvement dans la direction du col de Rebbi-Arienne et commençait à gravir les pentes de l'éperon situé au confluent des torrents du Rubaja-Assa et du Mai-Avolla.

Le 4ᵉ bataillon d'infanterie et la compagnie du 5ᵉ bataillon indigène tentèrent inutilement, des hauteurs de la rive droite du vallon, d'arrêter la marche de la colonne choane. Ces troupes, on se le rappelle, avaient été détachées de la brigade Arimondi, au moment de son arrivée au col de Rebbi-Arienne, pour établir la liaison avec la brigade Dabormida ; elles s'étaient avancées jusqu'aux derniers contreforts des monts Esciascio.

L'apparition des Choans, sur les hauteurs à la droite de la position italienne, se produisit d'une manière si inopinée qu'il fut impossible d'en donner avis au commandant en chef. Les fractions disponibles de la réserve étaient d'ailleurs trop éloignées pour pouvoir être amenées à temps.

L'attention du général Baratieri était surtout attirée sur l'aile gauche de sa ligne dont le développement du mont Raio à l'éperon septentrional ne mesurait pas moins de 3 kilomètres ; il y avait accumulé une grande partie des forces déployées pour résister à l'attaque du Sud qui, jusqu'alors, paraissait la plus sérieuse. Il venait en outre d'envoyer à la gauche de la 8ᵉ batterie le 3ᵉ bataillon indigène de la réserve qui, suivi des deux batteries à tir rapide, atteignit à 10 heures l'ensellement à l'Ouest de l'Amba. C'était aussi de ce côté qu'il espérait encore pouvoir recueillir la brigade Albertone.

Le reste de la crête était par suite faiblement garni et, à l'extrême droite, les seuls éléments que le colonel des bersagliers put lancer sur l'éperon, furent les deux compagnies du 2ᵉ bersagliers, placées en réserve.

En raison de l'âpreté des escarpements qui entourent ce sommet rocheux, une quarantaine de bersagliers seulement réussirent à y grimper ; entourés alors par les Choans qui les avaient devancés en grand nombre sur la cime, ils furent tous massacrés.

L'occupation par l'assaillant de cette extrémité de la crête (10 h. 1/4) rendait désormais toute communication impossible avec la brigade Dabormida qui avait progressé dans le vallon de Mariam-Sciavitù ; les troupes de la brigade Arimondi se trouvaient prises en flanc et menacées sur leurs derrières. Les bersagliers du 1er bataillon furent, à partir de ce moment, exposés dans des conditions désavantageuses aux feux nourris et bien ajustés des Abyssins.

Du côté du mont Raio, le 3e bataillon indigène s'établit en gradin sur les pentes, mais il ne parvint pas à résister à l'attaque et, après avoir tiré pendant 20 minutes, il commença à se retirer en laissant la moitié de ses officiers sur le terrain ; rien ne put le retenir ni l'empêcher de se débander.

Ainsi entre 10 h. 1/4 et 10 h. 1/2 les deux flancs de la position tombaient au pouvoir de l'armée du Négus.

Pendant la retraite du 3e bataillon indigène, les deux batteries à tir rapide réussirent à se déployer à la gauche de la 8e batterie ; toutefois, leur tir fut masqué pendant quelque temps par les ascaris qui se repliaient. L'artillerie avait encore comme soutien, sur sa droite, en contre-bas, le 2e bataillon d'infanterie, sur sa gauche une compagnie et demie de bersagliers ; ceux-ci, menacés de près par les Choans, durent bientôt se réfugier sur des hauteurs plus élevées.

Le centre tenait encore ; cependant, à la droite, le 1er bataillon de bersagliers, assailli sur son front et sur son flanc droit, ne pouvait plus résister ; il tenta de se retirer par échelons de compagnie, mais les premiers éléments qui entamèrent le mouvement ne purent l'exécuter en bon ordre, et la troupe commença à se désagréger (10 h. 3/4).

Sur ces entrefaites, le commandant en chef apprit que la colonne choane du Nord, tout en s'assurant la possession de l'éperon au confluent des deux torrents, avait progressé par le vallon dans la direction du col de Rebbi-Arienne. Il fit alors porter au général Ellena, dont il supposait la brigade massée, selon ses instructions, près du sycomore, l'ordre de déployer un régiment entre ce point et le mont Raio et d'envoyer l'autre au secours du général Arimondi. Le mouvement ordonné ne put avoir lieu ; la brigade de réserve avait en effet quitté vers 10 heures le col de Rebbi-Arienne ; son régiment de queue, le 4e, au moment de se mettre en marche vers le sycomore, s'était trouvé aux prises avec une masse importante d'Abyssins qui avaient rapidement remonté la vallée. Les bataillons de ce régiment, le 8e du haut du col, les 7e et 11e postés en contre-bas, avaient ouvert le feu contre les Choans, que précédaient des groupes nombreux de fuyards du 1er bataillon de la brigade indigène, et contre des partis de cavaliers Gallas qui battaient la plaine au Sud-Est du col.

Le 4e régiment était désormais séparé du 5e, qui, au contraire, arriva vers 10 h. 1/2, près du sycomore, pour voir l'éperon tomber aux mains des Choans et, sur l'extrême gauche, le 3e bataillon indigène s'enfuir précipitamment. Le général Ellena, afin de préserver la brigade Arimondi de l'enveloppement dont elle était menacée, donna l'ordre au 15e bataillon de se porter vers la droite du côté du vallon, et à deux compagnies alpines de gagner les pentes Est du mont Raio ; il fit dire, en même temps, au 4e régiment d'avoir à rallier le 5e. Toutefois, le 4e régiment, engagé presque en entier, ne fut en mesure d'envoyer que deux compagnies du 11e bataillon ; celles-ci, d'ailleurs, se trouvèrent elles-mêmes entraînées bientôt dans un engagement particulier et il leur fut impossible de rejoindre le commandant de la brigade.

Vers 10 h. 3/4, la situation des brigades Ellena et Arimondi était devenue très critique par suite de la présence, sur les flancs, des deux masses choanes qui menaçaient à revers la ligne de combat. A ce moment, les dernières compagnies du 1er bataillon de bersagliers furent obligées de battre en retraite ; seuls, les 2e et 9e bataillons d'infanterie et les batteries résistaient encore au centre et à la gauche.

Le commandant en chef envoya alors au 5e régiment l'ordre d'aller renforcer la brigade Arimondi ; le régiment, réduit au 16e bataillon et à une compagnie alpine (1), se mit à gravir lentement, vers 11 heures, l'étroit sentier du mont Raio, mais, appelé tardivement, il devait se sacrifier sans résultat.

Pendant ce temps, les Choans avaient presque anéanti le 15e bataillon d'infanterie et les survivants du 2e bataillon de bersagliers ; à la gauche, ils avaient fait éprouver des pertes très grandes aux deux compagnies alpines et s'étaient répandus dans la direction du col de Rebbi-Arienne, sur les derrières de la position des Italiens. Dans l'impossibilité de continuer leur mouvement, les cinq compagnies du 5e régiment s'arrêtèrent à mi-côte et se déployèrent pour tenter de contenir le flot des Choans.

A 11 h. 1/2, la situation était désespérée. La sonnerie « Rassemblement » fut exécutée sur différents points du champ de bataille, mais elle fut couverte par le bruit du canon et de la fusillade. A cette même heure, le général Baratieri, avec son quartier général, se retira par la dé-

---

(1) La dernière compagnie alpine dut rester avec le général Ellena, près du sycomore, pour lutter contre les groupes ennemis qui tentaient de gagner les derrières.

clivité Nord du mont Raio et se rendit au col de Rebbi-Arienne pour y préparer la retraite ; il ordonna également au général Arimondi de replier ses forces dans cette direction. La plus grande partie du 9ᵉ bataillon luttait alors corps à corps ; le 2ᵉ bataillon isolé, pour ainsi dire, sur les pentes du vallon de Mai-Avolla, l'artillerie et des fractions du 1ᵉʳ et du 2ᵉ bataillon de bersagliers restèrent encore pendant quelque temps engagés, mais l'irruption des Choans, qui se produisit sur tous les points à la fois, obligea les débris de ces troupes à céder le terrain, après avoir subi des pertes énormes (12 h. 1/4).

Les troupes du Négus couronnèrent en quelques instants les crêtes et s'emparèrent de l'artillerie, dont les derniers servants tombèrent sur les pièces.

Vers la même heure, la 11ᵉ batterie, arrivant directement de Mai-Marat, était parvenue, après des efforts inouïs, à se hisser jusqu'à l'ensellement à l'Ouest du mont Raio ; elle ne réussit à mettre en batterie qu'une seule pièce, et ne tira qu'un coup, avant d'être prise par les Choans.

De petits groupes d'alpins, de bersagliers et d'infanterie, réunis par le colonel du 2ᵉ régiment, gagnèrent alors la dépression située à l'Est du mont Raio, où ils s'efforcèrent de retenir l'ennemi ; après d'inutiles efforts, ils furent obligés d'abandonner la ligne de combat.

Au pied de la déclivité Nord du mont Raio, les cinq compagnies du 5ᵉ régiment soutinrent, pendant une vingtaine de minutes, le choc des Abyssins, mais, submergées par les assaillants, elles furent aussi contraintes de se replier.

Le 4ᵉ régiment, auquel était venu se joindre une demi-compagnie du génie, formait la dernière réserve, et, comme on l'a vu, se trouvait depuis longtemps aux prises avec les Choans, qui s'étaient logés dans le vallon à l'Ouest de Rebbi-Arienne, et avec les groupes qui battaient la plaine au Sud-Est. Le 7ᵉ bataillon, deux compagnies du 11ᵉ et le 8ᵉ bataillon se tenaient près du col, où depuis deux heures ils immobilisaient l'assaillant, qui autrement aurait peut-être cerné complètement les deux brigades.

A cet instant les deux compagnies du 11ᵉ bataillon, qui n'avaient pu rejoindre le général Ellena, se portèrent résolument en avant pour protéger la retraite ; elles furent anéanties presque en entier. Le 4ᵉ régiment cependant tint ferme jusque vers 12 h. 1/2 ; ensuite il fut forcé de reculer.

Le commandant en chef dut suivre ce mouvement et abandonner le champ de bataille, sans avoir eu de nouvelles de la brigade Dabormida et sans avoir indiqué une ligne de retraite.

Protégés par quelques détachements de ce même 4ᵉ régiment, postés sur les hauteurs au Nord du chemin, des groupes de soldats italiens, appartenant à tous les corps, purent effectuer leur retraite avec assez d'ordre pendant 3 ou 4 kilomètres au delà du col de Rebbi-Arienne. Le général Baratieri espérait réorganiser ses troupes sur une position en arrière, mais il se trouva engagé dans une vallée marécageuse, où il était impossible de manœuvrer.

Harcelés sur leurs flancs par les cavaliers Gallas qui pénétraient jusque dans les rangs, épuisés par 16 heures de marche et de combat, sans avoir pris de nourriture, privés de la majeure partie de leurs officiers, les restes de cette colonne ne furent pas en mesure d'opposer une résistance ultérieure, et les derniers liens tactiques se rompirent.

Vers le soir, la poursuite ayant cessé, le général Baratieri et le général Ellena s'efforcèrent cependant de reconstituer une avant-garde et une arrière-garde avec les débris de tous les corps qui les entouraient. Toutefois les groupes qu'ils formèrent, n'ayant pas été orientés dans une direction déterminée, se séparèrent pendant la nuit, et le commandant en chef, avec 200 Italiens à peine, fut entraîné dans la direction de l'Unguja, où il ne pouvait rencontrer ni postes télégraphiques ni troupes d'étapes. Il marcha jusqu'à 3 heures du matin ; à l'aube, il se remit en route et arriva à 10 heures du matin à Hoja ; pendant la nuit suivante, il s'égara et fut contraint de s'arrêter. Il atteignit Adi-Caié le 3 mars, à 9 heures du matin.

Combat de la brigade Dabormida.

Lorsque la brigade Dabormida, qui était postée au delà du col de Rebbi-Arienne sur les pentes des monts Esciascio, reçut à 8 h. 20 l'ordre d'avancer pour appuyer la droite de la brigade indigène, elle se mit immédiatement en mouvement ; mais au lieu d'opérer dans la direction qui lui avait été indiquée, elle s'engagea dans le vallon de Mariam-Sciavitù, se laissant ainsi entraîner, dans une direction divergente, à plus de 5 kilomètres de la colonne centrale et de la brigade Albertone, qu'elle avait mission de dégager.

Après une heure et demie de marche, le général Dabormida aperçut devant lui les vastes campements des Choans ; sur sa gauche, il entendit la rumeur du combat de la brigade Albertone ; il arrêta sa colonne et la fit masser pendant qu'il détachait vers le Sud le bataillon de milice mobile. Puis il envoya au commandant en chef la dépêche suivante : « 9 h. 15. — De grands camps « choans sont en vue au Nord d'Adoua ; une forte colonne « en débouche et marche vers la brigade indigène ; je « tends la main à cette dernière en conservant le gros de « mes troupes massé près de la route qui va du col de « Rebbi-Arienne à Adoua ; je surveille les hauteurs sur « ma droite. »

Le commandant en chef, au reçu de cette communication, envoya l'ordre à Dabormida de ne pas se porter en avant et d'appuyer à gauche pour soutenir efficacement Albertone ; mais la colonne choane, qui s'était dirigée sur Rebbi-Arienne, avait à ce moment interrompu toute communication entre la colonne du centre et celle de droite ; l'émissaire ne put par suite rejoindre le général Dabormida qui continua son mouvement dans la direction d'Adoua.

Le bataillon de milice mobile qui formait l'avant-garde était arrivé vers 9 heures au débouché de la vallée de Mariam-Sciavitù et se disposait à converser vers le Sud pour se rapprocher de la brigade Albertone, lorsque tout à coup il fut attaqué vigoureusement et à courte distance, sur son front et sur son flanc droit ; des hauteurs l'empêchèrent d'être aperçu et soutenu par le reste de la brigade. Après vingt minutes de combat, le bataillon fut obligé de battre précipitamment en retraite, suivi de près par les Choans.

Ce recul soudain força le groupe de batteries qui s'avançait vers le débouché de la vallée pour y prendre position, à rallier en toute hâte le gros des troupes (9 h. 1/2).

La partie du vallon de Mariam-Sciavitù, où la brigade Dabormida arriva à ce moment et resta à combattre jusqu'au soir, a une largeur de 700 à 800 mètres ; les hauteurs qui le bordent sont d'un parcours facile ; la vallée s'incline ensuite vers le Sud-Ouest en s'élargissant et mène dans la plaine qui précède Ali-Abun ; à l'Est, elle est fermée par les contreforts abrupts des monts Esciascio.

Peu de temps après le retour du bataillon de milice mobile, la compagnie d'Asmara, qui avait été envoyée en reconnaissance sur la droite, se trouva assaillie de front et de flanc par des forces supérieures. Elle se fractionna ; une partie se replia sur le gros, l'autre resta à errer jusqu'à midi sur les hauteurs de la rive droite.

Les attaques sur les deux ailes s'accentuèrent ainsi progressivement, surtout à gauche ; le centre fut ensuite menacé par de grosses masses de Choans ; c'étaient les corps des ras Makonnen et Mangascia, dont les camps étaient situés au débouché du vallon de Mariam-Sciavitù.

L'artillerie qui, après la bousculade du bataillon de milice mobile, avait reculé d'un kilomètre environ, se mit en batterie dans le fond de la vallée et ouvrit le feu avec toutes ses pièces, sous la protection, à droite, du 14e bataillon, à gauche du 5e.

Le 6e bataillon et une partie du 10e avaient gagné, dès le début de l'action, une hauteur A de la rive gauche (1), d'où ils purent contenir les Choans et couvrir la retraite du bataillon de la milice mobile.

Le 13e bataillon et une fraction du 3e se trouvaient en réserve plus en arrière.

Les troupes restèrent dans cette situation jusque vers 10 h. 1/2.

A ce moment le combat était devenu général ; les Choans garnissaient le fond de la vallée et les hauteurs H et B de la rive gauche ; sur les derrières se présentèrent alors des partis de cavalerie galla et d'infanterie abyssine, détachés de la grosse colonne choane qui s'était avancée jusqu'à Rebbi-Arienne, en s'interposant d'abord entre la brigade Dabormida, puis entre cette dernière et les troupes du général Arimondi.

Sur le front, le 6e bataillon et la fraction du 10°, qui se trouvaient sur la hauteur A, battus par un tir meurtrier, se retirèrent sur la hauteur en arrière L. Les batteries, après avoir appuyé à droite et pris sur les hauteurs une position plus favorable, continuèrent à contrebattre les Choans et parvinrent à réduire au silence plusieurs pièces

---

(1) Voir le croquis de la bataille d'Adoua.

à tir rapide, que ceux-ci avaient placées sur le piton H. Une partie du 14ᵉ bataillon et les restes de la compagnie d'Asmara tenaient en respect les assaillants, qui se massaient sur la droite.

Sur les derrières, les menaces devenant de plus en plus sérieuses, le 13ᵉ bataillon et une compagnie du 5ᵉ avaient été envoyés sur les contreforts méridionaux des monts Esciascio, en I. Ce détachement arriva vers midi à destination ; il se joignit au 4ᵉ bataillon et à la compagnie du 5ᵉ bataillon indigène de la brigade Arimondi, qui s'étaient toujours maintenus dans cet emplacement. Ce furent ces troupes qui, après la défaite de la 1ʳᵉ brigade et de la réserve, sauvèrent la brigade Dabormida d'un enveloppement complet et protégèrent efficacement sa retraite dans la soirée.

L'action efficace de l'artillerie, le feu bien dirigé du 5ᵉ bataillon et d'une partie des 14ᵉ et 3ᵉ, qui avaient réussi à gagner un peu de terrain en avant, la résistance énergique des Italiens sur les deux ailes et sur les derrières, eurent vers midi et demi pour résultat d'arrêter les progrès des Choans et même, en quelques points, d'obliger l'assaillant à rétrograder.

Le général Dabormida rendit compte au commandant en chef de cette situation ; mais déjà, à cette heure, les brigades Arimondi et Ellena avaient abandonné leurs positions et étaient en pleine déroute. La 2ᵉ brigade restait désormais complètement isolée et ne pouvait plus compter que sur ses propres forces.

De midi et demi à 1 h. 1/2, le combat continua sur tout le front de la brigade, sans qu'il survînt aucun événement décisif; cependant le nombre des Choans augmentait sans cesse.

Les cinq compagnies des 6ᵉ et 10ᵉ bataillons, qui se trouvaient en L, tenaient tête, en exécutant de nombreuses contre-attaques à la baïonnette, aux Abyssins, parvenus sur la hauteur B, et leur interdisaient l'accès du piton A.

Au centre, les 14e et 5e bataillons, avec une partie des 3e et 6e, sous la direction immédiate du général Dabormida, furent à six reprises différentes conduits à l'assaut; ces retours offensifs étaient préparés par un redoublement du feu : soldats et officiers les exécutaient avec élan; mais le sol marécageux et la fatigue extrême les obligeaient souvent à interrompre leur mouvement.

Les Choans furent momentanément arrêtés par ces attaques; néanmoins ils recommencèrent à exécuter un feu très vif et s'avancèrent de toutes parts, principalement sur le flanc gauche et sur les derrières de la brigade italienne.

A 3 h. 1/2, ils furent rejoints par de gros renforts; le centre du général Dabormida fut contraint de rétrograder, l'aile gauche dut se retirer tout entière sur la hauteur L.

Le général Dabormida tenta alors un effort suprême pour contenir tout au moins l'ennemi au centre de la ligne. Il réunit les restes épuisés du 6e régiment et d'une partie du 3e, et, se mettant à leur tête, il les entraîna avec lui à un dernier assaut. Ce mouvement détermina chez les Choans un léger recul et permit d'entamer la retraite qui s'imposait d'une façon absolue (4 heures).

Les troupes se retirèrent relativement en ordre, en continuant à combattre dans la vallée; elles étaient protégées sur les derrières par les trois batteries qui avaient réussi à s'installer au point E; toutefois les munitions d'artillerie étaient presque épuisées.

Les pièces qui ne tombèrent pas alors aux mains des Choans furent hissées sur les contreforts des monts Esciascio, au Sud-Ouest du mont Irar, et tirèrent jusqu'au dernier moment. Le 13e bataillon, avec une compagnie du 5e (de la brigade Dabormida), le 4e bataillon, avec une compagnie du 5ᵉ indigène (de la brigade Arimondi), coopérèrent à cette résistance suprême.

A la tombée de la nuit (7 heures) la retraite continuait à travers les monts Esciascio avec un certain ordre, malgré la poursuite de grosses bandes choanes ; cependant l'obscurité étant devenue complète, les troupes italiennes, harcelées par la cavalerie galla, disséminées par suite des difficultés du terrain, rompirent leurs rangs complètement, et il ne fut plus possible de les réorganiser.

Le général Dabormida avait été tué dès les premières heures de la retraite.

Les survivants de la brigade gagnèrent, par les monts Esciascio, le col de Zala, où ils se heurtèrent, pendant la nuit, à une bande de rebelles ; ils se partagèrent alors en deux colonnes, dont l'une marcha par Enfiscio sur Mai-Marat et Adi-Caié, et l'autre se dirigea, par la Belesa, vers Adi-Ugri.

Les Choans ne firent pas de poursuite ; la cavalerie galla ne s'avança qu'à une quinzaine de kilomètres du champ de bataille. Aux Abyssins succédèrent immédiatement des bandes de paysans révoltés qui, derrière les rochers et les buissons, du sommet des hauteurs et à la faveur des ténèbres, causèrent, par leur tir, de grands dommages aux débris des différentes colonnes qu'ils inquiétèrent jusqu'au delà de la Belesa. Les débris de la brigade Dabormida qui suivirent la route Entiscio, Mai-Marat, Barachit, eurent à souffrir encore davantage par suite de l'attaque des partisans du ras Sebath, surtout aux environs de Debra-Damo et de Mai-Marat.

Ce furent ces embuscades et ces attaques continuelles qui, jointes au manque de repos, de nourriture et d'eau, rendirent la retraite vraiment désastreuse.

Les survivants du corps expéditionnaire italien arrivèrent à Adi-Ugri et à Adi-Caié dans la soirée du 3 et du 4 mars.

Retraite du convoi sur Adi-Caié.

Comme l'avait prescrit l'ordre de mouvement, le convoi du corps d'opérations italien resta, pendant la bataille, groupé entre le col de Zala et Entiscio. Dans cette dernière localité se trouvaient le parc d'artillerie et le magasin avancé de ravitaillement.

Le 1ᵉʳ mars, vers 1 heure de l'après-midi, le commandant du convoi reçut les premières nouvelles du combat et apprit, au même moment, que des bandes choanes se montraient du côté du col de Zala. Il réunit alors les hommes armés disponibles (dont 1 compagnie du 12ᵉ bataillon d'infanterie et une centaine de bersaglieri du 2ᵉ bataillon; il se posta avec eux au col, où il demeura de 3 heures à 7 heures du soir, et eut, à deux reprises différentes, à repousser des attaques; pendant ce temps, du côté d'Entiscio, des groupes de rebelles jetaient le désordre dans les convois.

Toutes les nouvelles, apportées du champ de bataille, renseignèrent le commandant du convoi sur l'insuccès de la journée, mais aucun ordre, aucun avis ne lui parvint du commandement. Au début de la retraite de la colonne centrale, le chef d'État-Major du général Baratieri avait cependant envoyé au convoi l'ordre de se replier, mais l'officier chargé de cette mission s'égara et ne parvint pas à destination.

Ignorant la ligne de retraite suivie par les troupes, le commandant du convoi retourna à Entiscio et prit l'initiative de conduire sa colonne à Adi-Caié par Mai-Marat.

Le 2 mars, à minuit et demi, le parc d'artillerie et le magasin avancé de ravitaillement, ainsi que les équipages des corps, se mirent en route. Pendant cette marche de nuit à travers une région difficile, le convoi, qui était parti dans un certain désordre, fut constamment harcelé par des paysans révoltés. Le plus grand nombre des conducteurs, qui étaient des indigènes fournis par l'appel en masse, jetèrent le chargement des mulets sur lesquels ils montèrent pour s'enfuir plus vite, si bien qu'une grande partie du chargement était déjà perdue quand la colonne arriva le 3 mars, vers 2 h. 1/2 du soir, à Mai-Marat. Le commandant du convoi espérait trouver, dans cette localité, le régiment Di Boccard, mais celui-ci l'avait quittée deux heures auparavant.

Le colonel Di Boccard, qui occupait Mai-Marat avec trois bataillons pour garder la ligne d'étapes, avait recueilli le 1er mars, à 10 heures du soir seulement, de vagues informations au sujet de la bataille; pendant la nuit, il avait eu confirmation de la déroute des troupes italiennes. N'ayant reçu aucune instruction particulière, il avait télégraphié au commandant de la garnison d'Adigrat pour l'informer de son prochain départ et lui demander s'il comptait rétrograder; il en avait reçu une réponse négative.

Bien qu'averti du départ de la colonne du convoi, le colonel Di Boccard n'avait pas cru devoir rester à Mai-Marat, et le 2 mars, vers midi et demi, il s'était mis en retraite sur Barachit, où il rallia le 17e bataillon; il continua sa marche sur Adi-Caié, qu'il atteignit le 3 mars, entre 11 heures et midi.

Le recul de ce régiment fut cause de la dispersion complète du restant du convoi à la suite de plusieurs rencontres avec les insurgés entre Mai-Marat et Barachit.

Le colonel Di Boccard a déclaré plus tard avoir évacué Mai-Marat parce qu'il supposait que l'armée italienne se retirait en bon ordre sur Mai-Haini et Coatit.

VI

DERNIÈRES OPÉRATIONS MILITAIRES (1)

Situation des forces italiennes en Érythrée après la bataille d'Adoua. — Mesures prises par le général Baldissera. — Retraite de l'armée abyssine.

Opérations contre les Derviches. — Investissement de Kassala. — Envoi d'une colonne de secours. — Combat du Mont Mokram. — Combat de Tukruf.

Dispositions adoptées en vue de délivrer Adigrat. — Organisation du corps d'opérations. — Préparation de la marche sur Adigrat. — Exécution du mouvement.

Rapatriement des troupes italiennes de renfort. — Situation de la colonie jusqu'à la conclusion de la paix. — Traité d'Adis-Abeba. — Convention relative à la restitution des prisonniers de guerre.

L'issue désastreuse de la campagne, dirigée en Érythrée par le général Baratieri, plongea l'Italie dans le deuil et provoqua dans toute la Péninsule une explosion d'animosité contre la politique d'expansion africaine, dont les résultats venaient de se traduire par le sacrifice de milliers d'existences (2), par les frais coûteux d'une guerre malheureuse et par la perte définitive des territoires récemment annexés.

Le ministère Crispi ne put survivre à la bataille d'Adoua

---

(1) Voir la carte page 201.

(2)

	Officiers.	Soldats italiens.	TOTAUX.
Morts à la bataille d'Adoua...	252	4,316	4,568
Prisonniers des Choans......	46	1,254	1,300
Survivants..................	262	4,370	4,632
Italiens présents à la bataille..	560	9,940	10,500

Les généraux Arimondi et Dabormida avaient été tués.
Le général Albertone se trouvait parmi les prisonniers.
56 pièces de canon avaient été prises ; le parc d'artillerie, le convoi avec les bagages et le magasin d'approvisionnement étaient anéantis.

et, le 5 mars, à la réouverture du Parlement, le Président du Conseil annonça aux Chambres la démission du Cabinet.

Le marquis di Rudini fut, quelques jours après, appelé avec le général Ricotti à la direction des affaires. Ses intentions, au point de vue colonial, se trouvent exposées dans le discours qu'il prononça le 17 mars en se présentant devant les Chambres avec le nouveau ministère. Le Président du Conseil se montra opposé à toute politique d'expansion ; il déclara qu'en aucune circonstance le Gouvernement n'aspirerait à reconquérir le Tigré, et que jamais, dans les conditions d'une paix éventuelle avec le Négus Ménélik, il n'inscrirait la clause du protectorat sur l'Abyssinie. Il ajouta que, tout en poursuivant les négociations entamées par le précédent Cabinet avec l'Empereur d'Éthiopie, on ne cesserait pas les hostilités avant que la situation ne fût devenue conforme aux intérêts de la colonie et aux sentiments du peuple italien. Le marquis di Rudini déposa en conséquence une demande de crédit de 140 millions pour subvenir, jusqu'au 31 décembre 1896, aux dépenses de l'Érythrée. Après de longues discussions sur la question des responsabilités dans la campagne d'Afrique, le Parlement approuva (21 et 25 mars) les déclarations du Cabinet et accorda les fonds réclamés.

Situation des forces italiennes en Érythrée après la bataille d'Adoua.

Le général Baldissera, qui devait, comme on l'a vu précédemment, remplacer le général Baratieri (1) dans

---

(1) Par décret du 4 mars, le général Baratieri fut mis en disponibilité. Il fut interné à Massaouah pendant que le Gouvernement faisait procéder à une enquête sur la question des responsabilités à la bataille d'Adoua. A la suite de cette instruction, le général Baratieri fut traduit devant un conseil de guerre.

ses fonctions de Gouverneur de l'Érythrée et de commandant en chef des troupes d'Afrique, était encore en mer lorsqu'eut lieu la bataille du 1er mars. En débarquant le 4 mars à Massaouah, il y trouva un télégramme du Ministre de la guerre qui lui laissait, au nom du Gouvernement, l'initiative des mesures à prendre pour faire face à la situation critique du moment. Il était autorisé à abandonner Adigrat et Kassala, s'il croyait cette détermination nécessaire.

Le général partit le lendemain pour Asmara, où son premier soin fut de recueillir les survivants du corps expéditionnaire, disséminés dans tout le pays, et d'organiser les troupes intactes ainsi que les renforts récemment arrivés. En même temps, il appela à Asmara les unités qui formaient la garnison de Massaouah, dont la défense éventuelle fut confiée aux marins de l'escadre, sous les ordres de l'amiral Turi.

Les premiers éléments de la 4e expédition de renforts (division Heusch) allaient commencer à arriver le 7 mars à Massaouah ; néanmoins la situation parut si grave au commandant en chef, qu'il crut devoir demander l'envoi d'urgence de 6 nouveaux bataillons et de 6 nouvelles batteries de montagne.

En effet, l'échec des armes italiennes à Adoua avait donné un nouvel essor à l'insurrection de l'Agamé ; le bataillon de chasseurs d'Afrique était bloqué dans Adigrat par les bandes du ras Sebath et du dégiac Agos Tafari, auxquelles étaient venus s'adjoindre des détachements de troupes abyssines ; du côté de Kassala, les Derviches, enhardis par la défaite des Italiens, devenaient de plus en plus menaçants ; enfin, on s'attendait à voir l'armée entière du Négus se diriger sur Gura, pour rejeter à la mer les derniers défenseurs de la colonie de l'Érythrée.

A la date du 5 mars, la répartition des troupes qui n'avaient pas pris part à la bataille d'Adoua, était la suivante :

A Adi-Caié............	12ᵉ, 17ᵉ, 18ᵉ, 20ᵉ, 21ᵉ bataillons d'infanterie.
A Saganeiti............	3ᵉ bataillon de bersagliers. 2ᵉ compagnie du génie.
A Asmara............	22ᵉ, 23ᵉ, 24ᵉ, 25ᵉ, 26ᵉ, 27ᵉ, 28ᵉ, 29ᵉ bataillons d'infanterie. 4ᵉ et 5ᵉ bataillons de bersagliers. 2 batteries de montagne. 1ʳᵉ compagnie du génie.
A Sabarguma.........	30ᵉ bataillon d'infanterie.
A Adi-Ugri...........	1ᵉʳ bataillon d'infanterie.
A Chenafena..........	5ᵉ bataillon indigène. 1 section d'artillerie indigène.
A Adi-Quala..........	Bandes du Saraë.
A Kassala............	2ᵉ bataillon indigène. 1 section d'artillerie indigène.
A Adigrat............	Bataillon de chasseurs d'Afrique.

Au bout de quelques jours, le commandant en chef parvint à grouper et à réorganiser les débris du premier corps expéditionnaire.

Avec les restes des 14 bataillons d'infanterie (1) d'Afrique, engagés le 1ᵉʳ mars, il put constituer un régiment (6ᵉ) à quatre bataillons, qui prirent les numéros 13, 14, 15 et 16.

Les survivants du bataillon alpin furent versés dans un de ces bataillons d'infanterie.

Les deux bataillons de bersagliers furent fondus en un seul, qui conserva le numéro 2.

Les artilleurs, revenus d'Adoua, furent momentanément affectés au service des forts et plus tard incorporés dans les nouvelles batteries envoyées d'Italie.

Avec les ascaris des 1ᵉʳ, 3ᵉ, 6ᵉ, 7ᵉ et 8ᵉ bataillons indigènes, il fut possible de reformer les bataillons eux-mêmes (2). Le bataillon de milice mobile fut dissous, et

---

(1) 2ᵉ, 3ᵉ, 4ᵉ, 5ᵉ, 6ᵉ, 7ᵉ, 8ᵉ, 9ᵉ, 10ᵉ, 11ᵉ, 13ᵉ, 14ᵉ, 15ᵉ, 16ᵉ.

(2) Il paraît résulter de ce fait que les troupes indigènes de la brigade Albertone n'éprouvèrent pas à Abba-Garima des pertes considé-

les hommes furent répartis entre les bataillons mentionnés ci-dessus.

La section d'artillerie indigène, qui n'avait pas pris part à la bataille du 1ᵉʳ mars, servit à créer une nouvelle batterie à 6 pièces avec les artilleurs indigènes survivants et le matériel existant dans le fort de Saganeiti.

En résumé, le général Baldissera disposait, le 5 mars, entre Adi-Caié, Adi-Ugri et Asmara, de 13,000 Italiens, 5,000 ascaris et de 14 canons de montagne; mais les troupes indigènes qui s'étaient battues à Adoua étaient encore très démoralisées.

Mesures prises par le général Baldissera. Retraite de l'armée abyssine.

Dès que les forces italiennes eurent reçu un commencement d'organisation, le général Baldissera s'occupa de faire face à la situation.

Dans le but de gagner du temps, il envoya le major Salsa au camp du Négus pour entamer des pourparlers au sujet de la paix et pour traiter de la libération des prisonniers ainsi que de l'ensevelissement des morts italiens restés sur le champ de bataille d'Adoua.

Le 6 mars, conformément à l'autorisation qu'il avait reçue, il expédia à la garnison de Kassala l'ordre de se replier sur Keren; mais on verra plus loin que la présence des Derviches autour de la place ne permit pas d'exécuter ce mouvement.

Du côté de l'Agamé, le commandant en chef italien ne pouvait entreprendre pour le moment aucune opération. Les communications avaient été interrompues avec le fort

---

rables. Les statistiques officielles n'ont jamais fait connaître le nombre d'ascaris tués le 1ᵉʳ mars; on sait seulement que les corvées, chargées d'ensevelir les morts sur le champ de bataille, retrouvèrent seulement 545 cadavres d'indigènes.

d'Adigrat ; 1400 Italiens et 500 indigènes s'y trouvaient bloqués; toutefois le chiffre élevé des malades, qu'on ne pouvait abandonner, donnait lieu de croire que le major Prestinari, commandant du fort, qui disposait d'ailleurs de 40 jours de vivres environ, ne tenterait pas de s'ouvrir un chemin en forçant le cercle des troupes d'investissement.

Le général Baldissera apporta dès lors tous ses soins à la préparation de la résistance, en prévision de l'offensive éventuelle des contingents abyssins.

Estimant que les faibles forces réparties sur le front Adi-Caié—Saganeiti—Adi-Ugri n'étaient pas en mesure d'arrêter les progrès de l'armée choane, il prit, le 8 mars, le parti d'évacuer l'Okulé-Kusai, où la sécheresse empêchait à cette époque d'envoyer des renforts. Son intention était d'organiser une forte ligne de défense entre Ghinda et Baresa, avec une importante réserve en arrière, à Sabarguma, de manière à couvrir directement Massaouah ; le restant de ses troupes devait s'échelonner entre Gura et Asmara, afin de protéger cette dernière localité et de menacer en même temps le flanc gauche de l'armée du Négus, si elle avançait vers le Nord.

En conséquence, les cinq bataillons d'infanterie évacuèrent Adi-Caié ; quatre d'entre eux furent dirigés sur Sabarguma, le cinquième fut laissé à Decamere, point que le commandant en chef jugeait nécessaire de garder.

Les troupes de Saganeiti, Chenafena, Adi-Ugri, Adi-Quala furent maintenues comme postes avancés pour surveiller l'Okulé-Kusai et le Mareb.

Les deux brigades d'infanterie qui venaient d'être organisées avec les bataillons concentrés à Asmara furent poussées, la 1re (19e, 24e, 25e, — 22e, 23e, 27e bataillons) à Scichet ; la 2e (26e, 28e, 29e, — 2e, 4e, 5e bataillons) à Ad-Auscia.

Le 6e régiment (13e, 14e, 15e, 16e bataillons), formé avec les débris du premier corps d'opérations, fut transféré à Saati, puis affecté à la garnison de Massaouah et d'Archiko.

Ces déplacements étaient d'ailleurs imposées par la nécessité de diminuer les effectifs réunis aux environs d'Asmara, où l'eau et le bois ne se trouvaient qu'en très petite quantité.

Quant aux éléments de la division Heusch (4ᵉ expédition), ils furent, aussitôt après leur débarquement, appelés à renforcer la ligne de défense Ghinda—Baresa et les postes avancés de la région Nefasit—Aidereso.

Pendant que s'exécutaient ces mouvements, on reconstruisait et on armait les forts abandonnés d'Archiko, de Saati et le fort Victor-Emmanuel ; on renforçait les défenses d'Asmara et on complétait l'organisation des troupes et des différents services.

Le 13 mars, les unités de la quatrième expédition de renforts étant toutes débarquées, le général Baldissera put former le nouveau corps expéditionnaire en deux divisions ; la première comprit les troupes échelonnées entre Asmara et Scichet avec un groupe de 3 batteries, la deuxième fut composée des détachements répartis entre Saati, Ghinda et Saganeiti, avec un autre groupe de batteries.

A cette même date, le commandant en chef italien télégraphia au Ministère de la guerre pour contremander l'envoi de la dernière moitié des nouveaux renforts qu'il avait demandés en arrivant en Érythrée (3 bataillons et 3 batteries qui se trouvaient prêts à Naples et sur le point de s'embarquer).

Cette détermination avait été surtout provoquée par la réception au quartier général italien des nouvelles concernant les mouvements de l'armée de Ménélik. On savait déjà que 20,000 Choans, sous la conduite du ras Makonnen, s'étaient avancés jusqu'à Entiscio, et que le Négus ne paraissait pas avoir l'intention de continuer vers le

Nord sa marche offensive ; mais on venait d'apprendre la concentration, en cours d'exécution, de toutes les forces abyssines dans les plaines du Faras-Mai. Ce renseignement prouvait que, pour le moment du moins, l'Empereur d'Éthiopie ne songeait pas à reprendre les hostilités.

L'irruption immédiate des Choans n'étant plus à craindre, et d'autre part la réorganisation des troupes d'Adoua ayant ajouté un appoint d'une importance imprévue aux renforts envoyés d'Italie, le général Baldissera n'avait pas voulu augmenter davantage l'effectif de son corps expéditionnaire qu'il avait déjà grand'peine à faire vivre dans ce pays brûlé par le soleil et épuisé par la guerre.

Après la bataille d'Adoua, on s'attendait en Italie, aussi bien qu'en Érythrée, à voir le Négus Ménélik compléter sa victoire en pénétrant jusqu'au cœur même de la colonie, dont les forces désorganisées n'auraient pu lui opposer de résistance sérieuse. Aussi, la surprise fut générale quand on apprit que l'armée abyssine ne poursuivait pas sa marche sur Massaouah et prenait au contraire des dispositions pour se retirer dans la direction du Choa.

On ne connaît pas exactements les motifs qui inspirèrent la résolution de l'Empereur d'Éthiopie. Néanmoins on peut remarquer qu'après la bataille d'Adoua, le Négus n'était pas en mesure d'exécuter la marche rapide qui lui aurait permis d'atteindre les Italiens avant qu'ils n'eussent reçu de nouveaux renforts de la Péninsule ; l'armée abyssine était en effet obligée, pour se ravitailler, de traîner à sa suite tout un peuple de serviteurs et de femmes, avec des troupeaux de bétail et d'innombrables bêtes de somme. Dans ces conditions, il lui était matériellement impossible d'opérer avec la vitesse voulue un pareil déplacement.

Si cependant Ménélik avait pris le parti de continuer les hostilités et s'était acheminé vers le Nord avec sa lenteur accoutumée, il aurait eu à livrer de nouveau bataille à des troupes fraîches récemment débarquées.

Le Négus, très impressionné déjà par les pertes qu'il avait subies à Adoua, recula probablement devant la perspective de faire couler encore le sang de ses sujets; en outre, cette seconde campagne l'aurait entraîné dans une région aride et sans ressources, où l'alimentation de son armée de près de 100,000 hommes eût été un problème presque insoluble; l'approche de la saison des pluies, qui pouvait le surprendre loin du Choa, incita vraisemblablement aussi l'Empereur d'Éthiopie à ne pas continuer les opérations; il pouvait d'ailleurs considérer son but comme atteint, puisqu'il avait reconquis le Tigré et refoulé les Italiens dans les limites jadis consenties par lui.

Les 1300 prisonniers, qu'il retenait comme otages, étaient d'ailleurs pour lui une garantie contre toute nouvelle idée de conquête de la part de ses adversaires.

Le 20 mars, toutes les forces du Négus quittèrent le camp du Faras-Mai et commencèrent à se retirer lentement dans la direction du Sud.

Ménélik laissait cependant dans le Tigré, outre le ras Sebath et le dégiac Agos Tafari, les ras Mangascia et Aloula ainsi que les autres chefs du pays, soit en tout 10,000 guerriers environ.

L'éloignement définitif de l'armée abyssine permit au général Baldissera de ne plus s'occuper exclusivement de la protection de la colonie contre la menace d'un envahissement. Il put alors se consacrer à la double tâche qui lui restait à accomplir en Afrique : délivrer la garnison d'Adigrat et dégager Kassala, d'où il importait de faire sortir une grosse caravane qui y était bloquée par les Derviches.

5° EXPÉDITION DE RENFORTS.

VAPEURS.	DÉPART de NAPLES.	ARRIVÉE à MASSAOUAH.	CHARGEMENT.			MATÉRIEL DIVERS.	UNITÉS TRANSPORTÉES.
			OFFI- CIERS.	TROUPES.	QUADRU- PÈDES.		
Umberto (2,821 tonneaux)......	11 mars.....	19 mars.....	46	1,381	2	1,081 quint.	40° bataillon d'infanterie (1). 41° bataillon d'infanterie. 1 compagnie du génie.
Gottardo (2,847 tonneaux)....	11 mars.....	20 mars.....	32	824	138	72	42° bataillon d'infanterie. 10° batterie de montagne. 14° batterie de montagne. 15° batterie de montagne. 1 compagnie du génie.
Pô (2,324 tonneaux)...........	11 mars.....	20 mars.....	21	762	168	918	120 artilleurs. 120 hommes du service des sub- sistances. 60 hommes du service de santé.
Archimède (postal)..	11 mars.....	20 mars.....	1	117	202	»	Troupes de complément.
Arno (3,463 tonneaux)........	17 mars....	26 mars.....	14	285	»	2,993 quint. (2)	2 compagnies d'artillerie de côte. 6 médecins. 9 infirmiers.
Totaux.....	....	....	114	3,366	510		

(1) Les bataillons d'infanterie et les compagnies du génie étaient armés du fusil nouveau modèle.
(2) Dont 400 tonneaux d'eau à destination de Massaouah.

Il chargea le colonel Stevani, le nouveau commandant des troupes indigènes, d'opérer du côté du Soudan avec quatre bataillons et une section d'artillerie de montagne ; lui-même entreprit avec activité la préparation méthodique de la marche sur Adigrat avec le corps d'opérations qui venait d'être porté au complet par l'arrivée des derniers renforts attendus d'Italie (5ᵉ expédition).

OPÉRATIONS CONTRE LES DERVICHES.

Investissement de Kassala.

Depuis le commencement de la campagne dans le Tigré, un mouvement important avait été observé parmi les Derviches sur les rives de l'Atbara et dans la vallée du Nil. Le 22 février, l'avant-garde d'un corps de guerriers mahdistes, franchissant le Gasc, avait attaqué et chassé de Gulusit le détachement italien, préposé à la garde des plantations de *dourah* (1), qui avaient été faites autour de ce point pour le compte du Gouvernement de l'Érythrée.

Cette avant-garde s'installa à Gulusit, y creusa de nombreux puits et prépara un camp que le corps principal, fort de 5,000 hommes environ, tant fantassins que cavaliers, vint occuper le 25 février. Une partie des troupes mahdistes se mit à récolter la dourah des propriétés italiennes pendant que l'autre entourait le camp de Gulusit de vastes retranchements, surmontés de solides palissades, et construisait à Tukruf un autre camp dans les mêmes conditions.

Au commencement du mois de mars, les Derviches, enhardis par la défaite des Italiens à Adoua, exécutèrent

---

(1) Sorte de millet qui pousse dans les régions tropicales et dont le grain, réduit en farine, sert à fabriquer des galettes grossières qui constituent la principale nourriture des indigènes.

des razzias dans le pays des Beni-Amer (1) ; le 8 mars, 600 guerriers tentèrent de déloger des gorges du Sabderat le poste italien qui y protégeait une station télégraphique. Ils furent repoussés par les cavaliers indigènes et par la bande d'Ali Nurin, et se retirèrent après avoir coupé la ligne télégraphique passant à Sabderat et à Ela-Dal.

Les troupes italiennes entre Kassala et Keren étaient ainsi réparties :

A Kassala..............	2ᵉ bataillon indigène. 1 section d'artillerie de montagne. 1 détachement de canonniers.
A Sabderat	70 irréguliers. 30 cavaliers indigènes.
A Ela-Dal.............	120 hommes provenant des troupes indigènes régulières et irrégulières.
A Agordat.	1 compagnie de milice mobile. 1 détachement de canonniers. 100 irréguliers.
A Keren...............	1 compagnie présidiaire. 1 peloton de cavalerie indigène, des détachements de milice mobile et des irréguliers, en tout 600 hommes environ.

Le général Baldissera qui redoutait alors, comme on l'a vu plus haut, une attaque de l'armée abyssine, avait envoyé au major Hidalgo, commandant des troupes de Kassala, l'ordre d'évacuer la place ; mais, par suite de l'offensive des Derviches et en raison des positions qu'ils avaient occupées sur le Gasc, le mouvement de retraite n'était plus possible lorsque les instructions du Gouverneur parvinrent à destination. Étant donnée cette situation, il était indispensable de ravitailler le fort et d'en faire sortir, en prévision des événements, les

---

(1) Les tribus des Beni-Amer occupent la région comprise entre le Barka et l'Anseba, au Nord d'Agordat.

malades et les bouches inutiles. Le commandant en chef, n'étant pas en mesure d'envoyer des renforts du côté de Kassala, où d'ailleurs la sécheresse et l'élévation de la température ne permettaient pas à ce moment d'employer des troupes européennes, se borna à prescrire la mise en marche de 400 chameaux chargés de vivres, récemment réunis à Agordat et ordonna à toutes les forces échelonnées de Keren à Kassala d'escorter ce convoi sur son parcours.

L'inaction dans laquelle les Derviches restèrent pendant quelques jours, après leur attaque contre le Sabderat, facilita cette opération; la colonne de ravitaillement quitta Agordat le 11 mars et arriva à Kassala dans la nuit du 15 au 16.

Pour assurer le retour du convoi qui devait sortir de Kassala le 18 ou le 19 mars, le commandant de la garnison d'Agordat avait reçu mission de se porter à Sabderat avec toutes ses troupes disponibles; tout était prêt pour le départ, lorsque, le 17, les Derviches, jusque-là tranquilles, exécutèrent une marche offensive en trois colonnes à l'Est de Kassala. La première occupa le mont Mokram et la Kadmie, pendant que la seconde s'avançait dans la direction du Sabderat; la troisième, forte de 1800 hommes, passant au Nord du mont Mokram, alla attaquer également ce défilé par un autre côté.

Le détachement indigène du Sabderat, qui n'avait pas encore été renforcé par les troupes d'Agordat, posté sur la hauteur dominant le passage, réussit à tenir tête aux Derviches et les obligea à se retirer.

La route de Kassala se trouvant par suite à peu près dégagée, le major Hidalgo en profita pour renforcer, avec une de ses compagnies, les défenseurs du Sabderat qui pouvaient toujours craindre une attaque nouvelle; mais bientôt après il vit le gros des troupes mahdistes de Tukruf et de Gulusit commencer l'investissement régulier du fort de Kassala, construire des tranchées à mille mètres de l'enceinte et occuper d'une façon permanente les gorges du mont Mokram.

C'est alors que le général Baldissera, informé de ces événements, confia au colonel Stevani la mission de protéger la sortie de la caravane enfermée dans Kassala.

Envoi d'une colonne de secours. — Combat du mont Mokram.

Les troupes qui formèrent cette colonne de secours (3e, 6e, 7e et 8e bataillons indigènes et une section d'artillerie de montagne) se trouvaient dans des conditions défavorables pour entreprendre une nouvelle campagne ; épuisées déjà par les privations et les fatigues qu'elles avaient dû endurer pendant les opérations dans l'Agamé, elles allaient avoir à surmonter, pour atteindre Kassala, des difficultés matérielles très grandes, créées par la sécheresse et la température.

La petite quantité d'eau fournie par les puits obligea, en effet, le colonel Stevani à échelonner ses bataillons à une journée de marche les uns des autres. La distance considérable qui séparait les différents points d'eau entraîna la nécessité de faire de longues étapes qui, en raison de la chaleur, durent être exécutées de nuit. Enfin, à ces causes de fatigues s'ajoutèrent les privations résultant d'un ravitaillement insuffisant, que la rapidité de l'opération ne permit pas d'assurer dans de bonnes conditions. Il en résulta que la colonne indigène perdit, au cours de la route, un tiers environ de son effectif.

Le colonel Stevani avait songé, tout d'abord, à opérer la concentration de ses forces à Ela-Dal, mais l'eau manquant dans cette localité, il se vit forcé de la fixer à Sabderat où il fit à l'avance creuser les puits nécessaires.

Le 31 mars, au matin, le 7e bataillon indigène rejoignit dans cette localité les 3e et 8e bataillons indigènes ainsi que la section d'artillerie qui y étaient déjà arrivés. Le 6ᵉ bataillon, parti le dernier de Keren, se trouvait à deux étapes en arrière.

A cette date, les demandes de secours du commandant du fort étant devenues de plus en plus pressantes, le colonel Stevani se décida à se porter le lendemain même sur Kassala, avec toutes ses forces, sans attendre le 6ᵉ bataillon; cependant il lui envoya l'ordre d'atteindre Sabderat dans la soirée du 1ᵉʳ avril et de continuer sa marche, sans s'arrêter, pour aller s'établir sur les pentes méridionales du mont Mokram.

Le 1ᵉʳ avril, à 5 heures du soir, la colonne indigène, à laquelle s'était jointe la compagnie du 2ᵉ bataillon précédemment détachée à Sabderat, se mit en mouvement. Son chef lui fit contourner le mont Mokram par le Nord, afin d'éviter les gorges étroites, favorables aux embuscades, que traverse la route de Kassala entre ce massif montagneux et la Kadmie; il estimait, d'ailleurs, que cet itinéraire offrait l'avantage d'interposer son détachement entre le camp de Tukruf et les défenseurs des tranchées d'investissement. Les troupes italiennes avancèrent très lentement, en raison de la nature du terrain qu'elles avaient à parcourir et qui était couvert d'acacias épineux et parsemé de crevasses.

Pendant son déplacement, le corps italien avait été rencontré, au delà de Sabderat, par des patrouilles de cavaliers derviches qui s'étaient empressées de retourner vers Kassala pour y donner l'alarme aux guerriers mahdistes établis dans les tranchées à l'Est du fort; ceux-ci allèrent se poster dans les gorges du mont Mokram, à cheval sur la route de Sabderat, pour barrer le chemin aux Italiens; mais pendant ce temps, les bataillons du colonel Stevani, dérobant leur marche, défilèrent par le Nord sans être aperçus et purent entrer dans Kassala le 2 avril, vers 3 heures du matin.

Vers la même heure, le 6ᵉ bataillon, qui, le 1ᵉʳ avril au

soir, avait traversé le Sabderat, arrivait devant le mont Mokram; prévenu de la présence des Derviches, il obliqua vers la droite pour éviter de se heurter aux troupes qui attendaient toujours dans leur embuscade le passage de la colonne Stevani. Il se dirigea vers les pentes méridionales du mont Mokram, fut reçu à coups de fusils par des postes mahdistes, mais réussit néanmoins à s'y installer. Les Derviches, déployés dans le défilé, exécutèrent alors un changement de front et, faisant face au Nord, attaquèrent résolument l'arrière-garde italienne.

La fusillade fut entendue du fort de Kassala; le colonel Stevani réunit aussitôt les quatre bataillons et les deux sections d'artillerie qui s'y trouvaient et les porta rapidement dans la direction des gorges du mont Mokram. Il arriva un peu avant le jour près du lieu de l'engagement; ne pouvant alors distinguer à quel parti appartenaient les troupes qui garnissaient les pentes de la montagne, il arrêta la colonne et envoya des reconnaissances qui le renseignèrent.

Le jour s'étant levé, le colonel Stevani donna ses ordres pour le déploiement : les 3e et 7e bataillons reçurent pour mission de prolonger à droite la ligne du 6e bataillon et de marcher contre les Derviches postés dans le défilé; l'artillerie devait appuyer cette attaque. Le 8e bataillon fut maintenu en réserve sur les derrières pour parer à une offensive éventuelle venant de Tukruf; enfin le 2e bataillon, établit à cheval sur la route de Kassala, reçut l'ordre de garder la ligne de retraite, tout en concourant avec une partie de ses forces à l'action des bataillons de première ligne.

Les dispositions purent être prises comme elles avaient été ordonnées; après une heure de fusillade, les Derviches éprouvés par le feu, serrés de près par les ascaris, commencèrent à reculer et bientôt s'enfuirent précipitamment vers Tukruf. L'artillerie, qui s'était déplacée pour prendre une position favorable (A), et les détachements d'infanterie, postés sur la crête du mont Mokram, poursuivirent par leur tir les troupes mahdistes, dont un gros de cavaliers, venant du Nord, essaya vainement de protéger la retraite.

Après avoir recueilli les blessés, le colonel Stevani ramena toutes ses forces dans le fort, et, profitant de ce que la route était libre, fit aussitôt partir la caravane, à laquelle il donna comme escorte 500 indigènes provenant de l'appel en masse. Le convoi put atteindre Sabderat, dans la soirée, sans avoir été inquiété; l'étape la plus dangereuse était franchie.

Le même jour, la ligne télégraphique était réparée avec du matériel volant et les communications rétablies avec le centre de la colonie.

Les Derviches, quoique battus au mont Mokram, continuèrent cependant à occuper les camps de Gulusit et de Tukruf; leurs postes d'observation étaient à moins d'une demi-heure du fort de Kassala. Leur présence et leur attitude constituaient un danger pour la colonne italienne, obligée, pendant l'exécution de sa marche de retour, de se fractionner au delà de Sabderat, comme elle l'avait fait à l'aller; elle eût risqué de voir ses différents échelons en butte aux attaques de forces supérieures, et surtout aux entreprises de la cavalerie mahdiste, nombreuse et hardie. La présence des Derviches à proximité de Kassala était en outre une menace permanente pour cette place. En raison de cette situation, le colonel Stevani jugea indispensable de déloger les mahdistes de Tukruf, et résolut d'employer le 3 avril toutes ses troupes réunies (1) pour tenter cette opération.

---

(1) 2,693 hommes dont 2,600 indigènes.

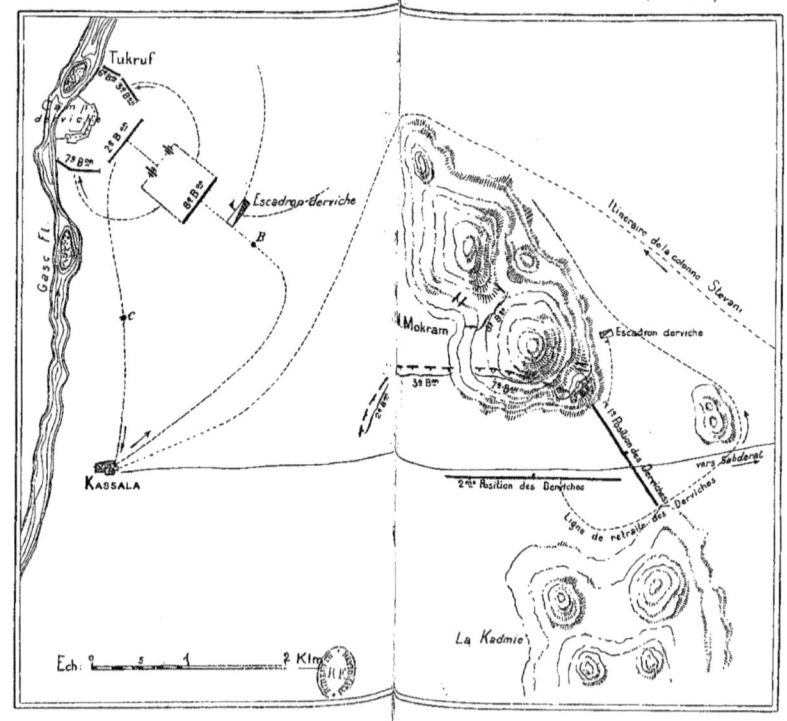

COMBATS DU MONT MOKRAM (2 Avril) ET DE TUKRUF (3 Avril)

Combat de Tukruf.

La colonne italienne sortit du fort à 6 heures du matin et se forma en carré pour marcher contre le camp derviche. Lorsqu'elle n'en fut plus éloignée que de 2 kilomètres (B), les quatre pièces, intercalées sur la face de tête de la formation, ouvrirent le feu. A ce moment, un groupe de cavaliers mahdistes fit irruption sur la droite des Italiens, mais quelques coups de canon suffirent pour le disperser.

Comme les Derviches restaient toujours immobiles derrière leurs retranchements, le colonel Stevani reprit le mouvement en avant, avec arrêt tous les 200 mètres pour canonner le camp. Le carré s'en rapprocha ainsi jusqu'à mille mètres; une troupe nombreuse de guerriers déboucha enfin de Tukruf et essaya vainement de déborder la droite des Italiens ; repoussée par les feux d'infanterie, elle se replia sur Gulusit.

La sortie de cette masse importante de Derviches, l'absence dans le camp de Tukruf de tout indice révélant la présence de troupes donnèrent lieu au colonel Stevani de supposer qu'il n'avait plus personne devant lui. Cependant, avant de continuer sa marche, il envoya deux patrouilles de cavalerie, commandées par des lieutenants italiens pour s'assurer du fait. Les reconnaissances s'approchèrent jusqu'à quelques pas des retranchements, sans recevoir de coups de fusils ; l'élévation des parapets et de la palissade ne permit pas aux officiers italiens d'avoir des vues dans l'intérieur de l'enceinte et, sans pousser plus loin leur exploration, ils rallièrent la colonne et déclarèrent que le camp derviche était évacué.

Le colonel Stevani remit le carré en mouvement en le faisant précéder par une de ses compagnies de tête; après avoir parcouru quelques centaines de mètres dans la direction de Tukruf, cette avant-garde fut accueillie par une vive fusillade dirigée des retranchements que l'on croyait abandonnés. Le commandant de la colonne résolut alors d'exécuter une attaque générale et déploya le carré ; cependant les pertes graves qu'il éprouva en quelques minutes et l'apparition sur ses derrières d'un parti de 300 cavaliers venant du mont Mokram, lui firent renoncer à pousser à fond une action qui menaçait de devenir désastreuse.

Pour soustraire ses troupes au feu meurtrier des Derviches abrités derrière les parapets du camp, il les ramena rapidement en arrière dans une position de repli (C), d'où il fit exécuter des salves d'artillerie et de mousqueterie qui mirent en fuite la cavalerie mahdiste, maintenue jusque-là en respect par le bataillon de réserve. La colonne indigène rentra ensuite dans le fort de Kassala, sans être inquiétée.

Malgré cet insuccès, le colonel Stevani n'abandonna pas le but qu'il s'était proposé. Dans la nuit du 3 au 4, il envoya de grosses patrouilles jeter l'alarme dans le campement de Tukruf; la nuit suivante il le fit bombarder pendant que des détachements se rapprochaient de l'enceinte contre laquelle ils dirigèrent des feux de salve.

Cette démonstration eut pour effet de déterminer le départ des Derviches, qui abandonnèrent dans les camps de Tukruf et de Gulusit leurs blessés, leurs armes et leurs approvisionnements, et se dirigèrent vers Osobri, sur l'Atbara.

Les engagements des 2 et 3 avril coûtèrent aux Italiens 4 officiers tués et 8 blessés. Parmi les indigènes, 123 ascaris furent tués et 269 blessés.

Les Derviches une fois éloignés du Gasc, le colonel Stevani s'occupa de se procurer les moyens de transport nécessaires pour emmener ses blessés ; il en forma deux caravanes qui arrivèrent sans encombre à Keren. Puis il fit effectuer la relève de la garnison du fort, prit ses dispositions pour assurer le retour vers l'Agamé des 2ᵉ et 7ᵉ bataillons avec une section d'artillerie, et répartit sur la ligne Kassala—Keren les 3ᵉ, 6ᵉ et 8ᵉ bataillons.

DISPOSITIONS ADOPTÉES EN VUE DE DÉLIVRER ADIGRAT.

Organisation du corps d'opérations. — Préparation de la marche.

Dès que l'armée abyssine eut entamé sa retraite vers le Sud, le premier soin du général Baldissera avait été de reconnaître, par lui-même, la région comprise entre Asmara, Scichet, Gura, Saganeiti, Baresa et Ghinda, afin d'y installer dans de meilleures conditions d'hygiène les troupes du corps d'opérations que la situation n'obligeait plus à maintenir groupées. La sécheresse exceptionnelle de l'année, qui avait tari presque partout les puits, rendait cette mesure indispensable pour utiliser d'une manière rationnelle les ressources en eau.

Le Gouverneur de l'Érythrée, dégagé de toute préoccupation du côté de Kassala, pour quelque temps au moins, par l'heureuse issue de la campagne du colonel Stevani et, rassuré par l'éloignement progressif des contingents choans, jugea le moment venu de porter vers Adi-Caié les troupes avec lesquelles il se proposait d'opérer contre Adigrat. L'insuccès des négociations du major Salsa auprès du Négus, l'attitude hostile des chefs du Tigré faisaient, en effet, supposer au général Baldissera qu'il ne pourrait obtenir autrement que par la force la libération de la garnison du fort d'Adigrat.

A ce moment, l'organisation du corps expéditionnaire et de ses différents services était complètement achevée. Les commandements avaient été constitués conformément au tableau suivant, qui donne également l'effectif et l'emplacement des unités, à la date du 4 avril :

UNITÉS.	FORCE.			EMPLA-CEMENTS.
	OFFICIERS.	TROUPES.	QUADRUPÈDES.	
QUARTIER GÉNÉRAL du commandant en chef (général Baldissera)	10	69	86	Asmara.
1re DIVISION (général Del Mayno).				
État-major	7	33	34	Massaouah.
1re BRIGADE D'INFANTERIE.				
8e régiment d'infanterie (état-major)..	4	4	14	Ad-Auscia.
19e bataillon d'infanterie	20	541	72	»
24e — —	20	539	68	»
25e — —	15	529	71	»
9e régiment d'infanterie (état-major)..	3	2	13	»
22e bataillon d'infanterie	21	574	72	»
23e — —	24	529	67	»
27e — —	19	543	68	»
2e BRIGADE D'INFANTERIE.				
État-major	3	12	14	Gura.
10e régiment d'infanterie (état-major).	4	8	16	»
26e bataillon d'infanterie	20	530	69	»
28e — —	17	518	68	»
29e — —	19	548	69	»
1er rég. de bersagliers (état-major)...	4	4	16	»
2e bataillon de bersagliers	13	460	67	»
4e — —	15	554	65	»
5e — —	21	543	70	»
1er GROUPE D'ARTILLERIE.				
État-major	4	3	7	Gura.
1re batterie de montagne	5	212	106	»
2e — —	5	202	106	»
3e — —	5	210	119	»
5e bataillon indigène	17	900	88	»
2e compagnie du génie	5	134	36	»
5e — —	4	149	42	Asmara.
1re section de santé	4	39	18	»
TOTAL de la 1re division	299	8,320	1,485	
2e DIVISION (général Heusch).				
État-major	8	48	40	Ghinda.
3e BRIGADE D'INFANTERIE.				
État-major	4	16	15	Ghinda.
Régiment d'alpins (état-major)	3	17	13	Baresa.
1er bataillon d'alpins	21	668	70	»
2e — —	21	651	69	»
3e — —	17	576	68	»
4e — —	20	657	68	»
3e bataillon de bersagliers	12	500	60	Halai.
A reporter	106	3,133	403	

UNITÉS.	FORCE.			EMPLA-CEMENTS.
	OFFICIERS.	TROUPES.	QUADRU-PÈDES.	
Report.....	106	3,133	403	
5ᵉ BRIGADE D'INFANTERIE.				
État-major	4	43	14	Saganeiti.
3ᵉ régiment d'infanterie (état-major)..	4	17	14	Disga.
17ᵉ bataillon d'infanterie........	14	440	67	»
21ᵉ — —	18	526	69	»
30ᵉ — —	20	459	65	»
7ᵉ régiment d'infanterie (état-major)..	7	17	14	Saganeiti.
12ᵉ bataillon d'infanterie........	15	554	67	»
18ᵉ — —	19	534	66	»
20ᵉ — —	18	509	64	»
2ᵉ GROUPE D'ARTILLERIE.				
État-major	2	3	7	Saganeiti.
4ᵉ batterie de montagne...........	6	141	117	»
5ᵉ — —	4	153	117	»
6ᵉ — —	5	155	114	»
1ᵉʳ bataillon indigène.............	14	778	70	Halai.
3ᵉ compagnie du génie............	4	178	39	Ghinda.
4ᵉ — —	5	135	52	Aidereso.
6ᵉ — —	4	120	43	Mahio.
2ᵉ section de santé...............	4	65	55	Ghinda.
TOTAL de la 2ᵉ division.....	273	7,925	1,454	
TOTAUX des 1ʳᵉ et 2ᵉ divisions.....	572	16,245	2,939	
TROUPES NON ENDIVISIONNÉES.				
CORPS INDIGÈNE.				
État-major...........	4	27	40	Kassala.
2ᵉ bataillon indigène.............	17	1,220	85	»
3ᵉ — —	13	495	63	»
6ᵉ — —	15	807	66	»
7ᵉ — —	12	675	73	»
8ᵉ — —	10	548	47	»
Bande du Saraë................	1	504	6	Adi-Quala.
Bandes de l'Hamasen et de l'Okulé-Kusai................	2	770	7	Asmara.
Batterie indigène...............	5	242	274	Asmara (2 sections à Kassala).
2ᵉ régiment de bersagliers (état-major).	3	19	14	Asmara.
6ᵉ bataillon de bersagliers.......	19	570	68	Schiet.
7ᵉ — —	21	604	68	Asmara.
A reporter.....	122	6,478	811	

UNITÉS.	OF-FICIERS.	TROUPES.	QUADRU-PÈDES.	EMPLA-CEMENTS.
Report.....	122	6,478	814	
4ᵉ BRIGADE D'INFANTERIE.				
État-major..........	3	18	13	Saati.
2ᵉ régiment d'infanterie (état-major)..	3	17	13	Sabarguma.
40ᵉ bataillon d'infanterie.......	21	614	57	»
41ᵉ — —	18	602	52	»
42ᵉ — —	22	583	57	»
4ᵉ régiment d'infanterie (état-major)..	3	18	13	Ghinda..
31ᵉ bataillon d'infanterie........	20	586	64	»
33ᵉ — —	21	605	64	»
36ᵉ — —	21	553	62	»
5ᵉ régiment d'infanterie (état-major)..	3	20	13	Saati.
32ᵉ bataillon d'infanterie........	21	599	68	»
34ᵉ — —	21	572	67	»
35ᵉ — —	17	632	67	»
6ᵉ régiment d'infanterie (état-major)..	3	18	13	Archiko.
13ᵉ bataillon d'infanterie........	10	582	66	»
14ᵉ — —	12	598	68	»
15ᵉ — —	19	612	64	Massaouah
16ᵉ — —	13	595	68	Asmara.
3ᵉ GROUPE D'ARTILLERIE (1).				
État-major..........	4	8	15	Sabarguma.
7ᵉ batterie de montagne...........	5	160	90	»
8ᵉ — —	5	186	100	»
9ᵉ — —	5	160	90	»
1ᵉʳ bataillon d'infanterie............	15	504	89	Adi-Ugri.
Garnison d'Adigrat (bataillon de chasseurs d'Afrique, etc.).............	43	2,000	113	Adigrat.
Détachements et services divers (2)...	279	7,980	5,107	»
TOTAL des troupes non endivisionnées.	729	25,300	7,309	
TOTAL GÉNÉRAL.....	1,301	44,545	10,248	

(1) Les 7ᵉ et 9ᵉ batteries furent dissoutes le 22 avril, à la suite de la mort de la plupart de leurs bêtes de somme, enlevées par le typhus et par l'épuisement. Les animaux de bât survivants furent versés dans la 8ᵉ batterie, rattachée à partir de ce moment au 1ᵉʳ groupe d'artillerie.

Il y a lieu de remarquer que les batteries italiennes du nouveau corps expéditionnaire reçurent un numérotage spécial. Les 2 batteries intactes qui se trouvaient en Erythrée après la bataille d'Adoua prirent les nᵒˢ 1 et 2; les numéros suivants furent donnés aux autres batteries au fur et à mesure de leur arrivée à Massaouah.

(2) Y compris une compagnie mixte du génie.

Le corps d'opérations, destiné à marcher sur Adigrat, fut composé des 1ʳᵒ et 2ᵉ divisions auxquelles on adjoignit deux des bataillons indigènes (2ᵉ et 7ᵉ) et la section de la batterie indigène qui avaient pris part aux opérations autour de Kassala, les 6ᵉ et 7ᵉ bataillons de bersagliers, le 1ᵉʳ bataillon d'infanterie et les bandes indigènes.

Les autres unités non endivisionnées furent employées sur les lignes d'étapes ou affectées à la garnison des forts.

Pour assurer le ravitaillement, le général Baldissera fit tout d'abord réparer par ses troupes la voie égyptienne Saati—Baresa—Aidereso—Saganeiti, et organiser par l'intendance et par la 6ᵉ compagnie du génie la ligne Archiko—Mahio. Les approvisionnements ne devaient plus désormais prendre la route d'Asmara.

En même temps, il donna des ordres pour la mise en état des deux seuls chemins qui lui permettaient de porter ses troupes de l'Hamasen à Adi-Caié ; c'étaient, en effet, de mauvais sentiers muletiers qu'il était indispensable de réparer ; en outre, les localités qu'ils traversaient étant presque complètement dépourvues d'eau, il fallait y approfondir les puits existants et en creuser de nouveaux.

La 1ʳᵉ brigade d'infanterie, avec le 7ᵉ régiment et le 3ᵉ bataillon de bersagliers, fut chargée de l'aménagement de la route du Nord, longue de 110 kilomètres, qui d'Asmara à Adi-Caié suit le bord du haut plateau en passant par Decamere, Saganeiti et Halai.

La réfection de la route du Sud, longue de 100 kilomètres, qui part de Scichet, mène à Gura et franchit ensuite la vallée du Mai-Serau, fut confiée à la 2ᵉ brigade et à deux compagnies du génie (2ᵉ et 5ᵉ).

Pendant l'exécution de ces travaux qui furent terminés vers le 8 avril, les 1ᵉʳ et 5ᵉ bataillons indigènes formèrent couverture du côté du Sud. Dès leur achèvement, la 2ᵉ brigade d'infanterie se massa sur le Mai-Serau avec le 1ᵉʳ groupe d'artillerie ; une partie des troupes de la 2ᵉ division, concentrée à Saganeiti et à Halai, se mit en marche dans la direction d'Adi-Caié qu'elle atteignit le 9. Ce même jour y arrivèrent les 2e et 6e compagnies du génie pour coopérer, avec les autres troupes, à la mise en état de défense de cette localité, à l'aménagement des puits et à la constitution d'approvisionnements de bois. Au bout de quelques jours, le reste de la 2e division put se transporter à son tour à Adi-Caié et la 1re division se réunir en entier sur le Mai-Serau.

Le faible rendement des voies de communication et la pénurie d'eau ne permettaient pas de grouper tout le corps d'opérations autour d'une seule localité.

Vers le milieu d'avril, le général Baldissera aurait pu entreprendre la marche sur Adigrat, si la question du ravitaillement ne l'en eût empêché.

Les animaux de bât, employés pendant la précédente période de la campagne, étaient en effet arrivés à un tel degré d'épuisement, que les épidémies produisaient parmi eux des ravages considérables. Il avait fallu par suite réduire de moitié et la longueur des étapes et le poids du chargement. En outre, les chameaux et les mulets, commandés en prévision des nouveaux besoins, tardaient à être livrés. Enfin, le transfert successif de la ligne de ravitaillement de la route Saati—Asmara, à celle de Saati—Saganeiti puis à celle d'Archiko—Adi-Caié avait causé également une grande perte de temps.

Les troupes, ne recevant pas les approvisionnements qui leur étaient nécessaires, durent rester pendant plus de quinze jours immobiles et furent obligées, pour vivre, d'avoir recours à des expédients : réduction de la ration des animaux de bât, utilisation de toutes les ressources locales, mise en service des équipages des corps pour venir en aide aux caravanes de l'intendance, réquisition des mulets et ânes du pays, etc.

Pendant ce temps, le général Baldissera fit renforcer par des tranchées l'organisation défensive d'Adi-Caié, creuser de nouveaux puits, améliorer les routes, bâtir des fours, couper du bois et installer une infirmerie pour 300 à 400 malades.

A la fin d'avril, les troupes du génie de la 1re division avaient construit une route du Mai-Serau à Adi-Caié; la période de crise avait cessé, le service des vivres fonctionnait de nouveau avec régularité et une réserve de quelques jours avait pu être constituée à Adi-Caié. Le général en chef crut alors pouvoir commencer les opérations contre Adigrat.

Exécution du mouvement sur Adigrat.

La situation du corps expéditionnaire était à ce moment la suivante : la 1re division était massée sur le Mai-Serau, la 2e autour d'Adi-Caié; les 1er et 5e bataillons indigènes couvraient le front; les bandes de l'Hamasen et de l'Okulé-Kusai se trouvaient vers Coatit; celle du Saraë gardait le Mareb. Le 2e régiment de bersaglieri et le 1er bataillon d'infanterie étaient échelonnés entre Asmara et Adi-Ugri; le 2e régiment d'infanterie avait été transféré de Baresa à Halai et un de ses bataillons détaché à Saganeiti. Les 2e et 7e bataillons indigènes avec une section de la batterie indigène, venant de Kassala, faisaient route pour gagner Adi-Caié.

Le restant des troupes était réparti entre Asmara, Ghinda, Massaouah et la vallée du Haddas.

Les négociations entamées par le major Salsa avec l'Empereur d'Éthiopie pouvaient être considérées comme définitivement rompues; deux fois pendant le mois de mars le major s'était rendu au camp choan pour y discuter des préliminaires de paix ou d'une convention militaire. Dans les premiers jours d'avril, sur les instances du Négus et du ras Makonnen, il avait rejoint l'armée abyssine au Sud du lac Ascianghi, mais aucun accord n'avait pu être établi et le major italien avait pris le chemin du retour. A son passage à Hausen, il avait été arrêté et gardé comme otage par le ras Mangascia, en raison d'un différend survenu entre le Négus et le général Baldissera à propos de la restitution de certaines lettres de l'Empereur d'Éthiopie.

Lorsque les Italiens s'étaient portés sur Adi-Caié, le ras Mangascia, à la tête de 8,000 guerriers, s'était avancé jusqu'à l'Amba-Sion (1) et avait appelé aux armes tous les habitants des environs.

Le ras Aloula, avec un millier de fusils, gardait vers Debra-Damo les débouchés de l'Okulé-Kusai, tout en se maintenant à portée d'Adoua.

Le ras Sebath et le dégiac Agos Tafari continuaient l'investissement d'Adigrat. Le premier occupait face au Nord les hauteurs de Gullaba et de Debra-Matso, pendant que le second tenait tous les débouchés de la conque d'Adigrat.

Pour donner le change aux chefs du Tigré, le général Baldissera fit exécuter sur Adoua une importante démonstration par une partie des troupes qu'il ne pouvait employer contre Adigrat. Il confia, à cet effet, au colonel Paganini, la direction d'une colonne formée avec les forces qui se trouvaient échelonnées d'Asmara au Mareb (2ᵉ régiment de bersagliers, 1ᵉʳ bataillon d'infanterie, une section d'artillerie et les bandes du Saraè).

Cette diversion, annoncée et préparée comme une opération devant être poussée à fond, obtint plein succès. Le détachement franchit le 1ᵉʳ mai le Mareb et réussit à attirer, puis à retenir le ras Aloula du côté d'Adoua.

D'autre part, avant de mettre ses divisions en mouvement, le général Baldissera envoya le 28 avril les bandes de l'Hamasen et de l'Okulé-Kusai dans la direction de Coatit et de Debra-Damo avec ordre de tout faire prépa-

---

(1) Voir le croquis de l'Agamé page 97.

rer dans cette région pour le prochain passage des troupes. Cette manœuvre avait pour effet de laisser les Abyssins dans l'incertitude au sujet de la route que suivrait l'armée italienne.

Le 30 avril, la 2ᵉ division gagna Senafé et la 1ʳᵉ se rendit à Adi-Caié. Ce même jour, les 1ᵉʳ et 5ᵉ bataillons indigènes, précédemment envoyés à Senafé pour protéger les travaux d'aménagement des puits, s'avancèrent jusqu'à Efesit et se couvrirent par des détachements qui gardèrent, à la hauteur de Barachit, les passages conduisant dans la conque de Senafé.

Le 1ᵉʳ mai, la 2ᵉ division céda la place à la 1ʳᵉ et se transporta à Efesit, car le rendement des puits de Senafé ne suffisait pas pour alimenter tout le corps d'opérations. Les bataillons indigènes, qui formaient les avant-postes, s'avancèrent eux-mêmes jusqu'à Barachit pendant que les bandes prenaient position sur la droite pour flanquer les troupes italiennes.

Ce même jour, deux bataillons du 2ᵉ régiment (troupes non endivisionnées) arrivèrent à Adi-Caié pour y tenir garnison, et le 7ᵉ bataillon indigène atteignit Senafé.

A Senafé, le commandant en chef fit procédé à l'installation d'un magasin de vivres, protégé par des retranchements; le 23ᵉ bataillon d'infanterie (1ʳᵉ brigade) y fut maintenu avec les 5ᵉ et 8ᵉ batteries et 2 compagnies du génie destinées à compléter les travaux commencés dans cette localité. Des convois furent organisés pour apporter de loin le bois qui faisait entièrement défaut sur le haut plateau.

Le 2 mai, au point du jour, la 2ᵉ division, précédée par les troupes indigènes qui se trouvaient aux avant-postes, se mit en marche vers Barachit, et à 7 heures la 1ʳᵉ division se porta, comme elle en avait reçu l'ordre, sur Efesit. Le 7ᵉ bataillon indigène, moins deux compagnies laissées à Senafé pour surveiller les débouchés de l'Amba-Debra, suivit à Barachit la 2ᵉ division où il fut rejoint par le 2ᵉ bataillon indigène, venant d'Adi-Caié. Arrivé de sa personne à Barachit, le général Baldissera reconnut qu'il y avait de l'eau en quantité suffisante pour tout le corps expéditionnaire, et en conséquence appela à lui la 1ʳᵉ division.

Ce mouvement était en voie d'exécution lorsque, vers midi, une fusillade lente mais continue se fit entendre du côté de la crête de Guna-Guna. C'était le 5ᵉ bataillon indigène qui, au moment où il s'établissait aux avant-postes sur cette position, venait d'être attaqué par les troupes de Sebath et d'Agos Tafari. Celles-ci furent repoussées et elles étaient en fuite lorsque arriva la réserve, formée du 1ᵉʳ bataillon indigène et des bandes de l'Hamasen et de l'Okulé-Kusai.

Attachant une grande importance à le possession des hauteurs de Guna-Guna qui dominent le chemin muletier de Barachit à Adigrat, le commandant en chef renforça les 2 bataillons de grand'garde avec la batterie indigène et les deux compagnies du 4ᵉ bataillon indigène; les 1ᵉʳ et 4ᵉ bataillons alpins constituèrent la réserve d'avant-postes. Toutes ces troupes de première ligne furent placées sous le commandement du général Gazzurelli.

Les dispositions prescrites pour la journée du 3 mai furent les suivantes : le corps d'opérations, avec la 2ᵉ division en tête, devait gagner par Guna-Guna la plaine de Gullaba et s'y masser, la 1ʳᵉ division à droite de la route de Mai-Marat, la 2ᵉ à gauche, puis se porter à l'attaque des hauteurs dominant Gullaba que l'on savait occupées par les rebelles de l'Agamé. Le 2ᵉ bataillon indigène devait suivre la 1ʳᵉ division, le 17ᵉ bataillon d'infanterie rester à Barachit pour garder un magasin de vivres qu'on venait d'y constituer.

Les troupes se mirent en mouvement à 4 heures du

matin ; le rassemblement se fit à 11 heures au point indiqué, et à midi les deux divisions se portèrent de nouveau en avant, précédées à gauche par les 1er, 5e et 7e bataillons indigènes, à droite par les bandes.

La marche s'effectua en ligne de colonnes de bataillons, à intervalles de déploiement : la 1re division à droite, formée sur une seule ligne ; la 2e division à gauche, disposée sur deux lignes à cause du terrain. L'artillerie suivait les troupes d'infanterie de chaque division.

Les partisans de Sebath et d'Agos Tafari évacuèrent leurs positions avant l'arrivée des troupes italiennes ; les patrouilles des bataillons indigènes eurent seules à tirer quelques coups de fusils. A 4 heures, les deux divisions campèrent entre Gullaba et Mai-Marat.

Pour la marche du 4 mai, les 1er, 2e et 5e bataillons indigènes, le 3e bataillon de bersagliers et la batterie indigène, placés sous le commandement du colonel Stevani, reçurent l'ordre d'occuper le flanc Est des hauteurs pour couvrir le corps expéditionnaire du côté de Debra-Matso, place d'armes habituelle du ras Sebath.

Le général Gazzurelli, à la tête du régiment d'alpins, des deux compagnies du 7e bataillon indigène et d'une batterie du 2e groupe, devait partir avant le jour pour former flanc-garde à l'Ouest pendant que la colonne avancerait par Mai-Marat sur Adigrat ; les bandes avaient à se porter sur les hauteurs au Sud-Ouest de Mai-Marat pour surveiller la direction de Debra-Damo. Le convoi devait rester au camp jusqu'à nouvel ordre.

Le mouvement commença à 4 h. 1/2 du matin ; au bout de peu de temps la fusillade se fit entendre sur la droite et des groupes nombreux de Tigrins furent signalés du côté de Debra-Damo. Le général Baldissera prescrivit alors à la 5e brigade de prendre position à Mai-Marat et d'y attendre des ordres.

A partir de cette localité, la marche sur deux colonnes

devint impossible, et toutes les troupes durent s'engager dans l'unique chemin d'Adigrat. Un peu avant midi, la tête arriva à Chersaber, en vue du fort d'Adigrat. La 2ᵉ division s'y installa, mais la 1ʳᵉ fut obligée de pousser un peu plus loin, parce que l'eau ne se trouvait pas en quantité suffisante dans cette localité.

En occupant les hauteurs qui dominaient à droite et à gauche le campement de la 1ʳᵉ division, le 25ᵉ bataillon d'infanterie eut à brûler quelques cartouches pour mettre en fuite une centaine de Tigrins qui les occupaient.

Dès son arrivée à Chersaber, le général Baldissera se mit en communication avec le fort d'Adigrat; il envoya aux équipages, laissés en arrière, l'ordre de rejoindre leurs corps et rappela la 5ᵉ brigade, de sorte que le corps d'opérations se trouva réuni avant le soir dans la conque d'Adigrat, au Sud de Chersaber, avec des avant-postes sur les hauteurs avoisinantes.

Les troupes du colonel Stevani étaient restées à hauteur de Debra-Matso, et les deux compagnies du 7ᵉ bataillon indigène avaient été détachées pour servir de liaison; les bandes avaient été maintenues à Mai-Marat pour surveiller Debra-Damo.

Pendant la nuit du 4 au 5, les Tigrins s'éloignèrent d'Adigrat : Sebath et Agos Tafari vers l'Est, Mangascia vers l'Ouest. Aloula, abusé par la démonstration du colonel Stevani, était toujours aux environs d'Adoua.

Le 5 mai, 300 blessés et malades sortirent du fort d'Adigrat et furent dirigés sur Adi-Caié.

A cette même date, le général Baldissera télégraphia à Rome pour annoncer son arrivée à Adigrat et demander des instructions; dans sa dépêche il déclarait que l'eau se faisait de plus en plus rare, et que, par contre, les vivres ne manquaient pas; il terminait en demandant le rapatriement immédiat des garnisons de

Massaouah, Archiko et Ghinda, soit dix à douze bataillons.

Le 6 mai, le Gouvernement italien répondit que si, pour s'ouvrir un chemin jusqu'à Adigrat, le corps d'opérations avait battu et désorganisé les troupes tigrines, on pourrait examiner s'il convenait ou non de conserver Adigrat; mais que, toutes les forces du Tigré étant encore intactes, il fallait sans hésitation abandonner l'Agamé et se replier au Nord de la ligne Mareb—Belesa.

Avant de faire évacuer le fort d'Adigrat, le général Baldissera voulut profiter de sa situation pour obtenir la restitution des prisonniers qui se trouvaient entre les mains des chefs du Tigré. Dans ce but, il leur fit savoir qu'ils s'exposaient à des représailles s'ils ne mettaient pas aussitôt en liberté les Italiens retenus en captivité et notamment le major Salsa.

Pour intimider le ras Sebath, qui avait prétendu n'avoir aucun prisonnier, le commandant en chef lança, le 7 mai, contre Debra-Matso, le détachement du colonel Stevani. Sebath s'enfuit avant l'arrivée de la colonne italienne; poursuivi cependant d'ambas en ambas, il subit quelques pertes et se vit enlever une partie de ses troupeaux.

Le 9 mai, les troupes du colonel Stevani, renforcées par les bandes de l'Hamasen et de l'Okulé-Kusai, reçurent l'ordre d'opérer contre le couvent de Debra-Damo ; la 5ᵉ brigade, dirigée avec une batterie sur Mai-Marat, devait servir de soutien en cas de besoin. Le prieur du couvent demanda à traiter, fournit un tribut d'orge et envoya des messagers à Mangascia pour l'engager à donner satisfaction au général Baldissera.

Pendant ce temps, Agos Tafari rendait la liberté aux prisonniers italiens de l'Agamé, 20 officiers et 19 hommes de troupe. Mangascia, de son côté, tergiversait et adressait lettres sur lettres au général Baldissera, mais sans annoncer aucune décision définitive.

Le commandant en chef utilisa alors ce temps d'arrêt pour tenter un coup de main contre l'Amba-Debra, montagne dont Sebath s'était emparé et où se tenait son propre fils avec un groupe de partisans. Dans la nuit du 16 au 17, les bandes indigènes en délogèrent les Tigrins de vive force en leur infligeant des pertes importantes.

Finalement un accord fut conclu avec Mangascia, qui remit le 18 mai, en échange de trois captifs abyssins, tous les Italiens retenus dans le Tigré, soit 6 officiers et 90 hommes de troupe ; parmi eux se trouvait le major Salsa. Le ras promettait en outre de délivrer également les prisonniers du Lasta qui, en raison de l'éloignement de cette province, ne pouvaient arriver que plus tard.

Le même jour, la garnison d'Adigrat abandonna le fort, d'où l'on avait emporté précédemment les armes, les munitions et le matériel encore en état de servir. Après le départ des Italiens, Mangascia entra dans le fort et le fit détruire.

Rapatriement des troupes italiennes de renfort. — Situation de la colonie jusqu'à la conclusion de la paix.

Le but que s'était proposé le général Baldissera en marchant sur Adigrat était atteint : la garnison du fort était délivrée et les Italiens prisonniers dans le Tigré avaient été remis en liberté. Il n'y avait plus lieu par suite de maintenir dans cette région le corps d'opérations, d'autant plus qu'il ne fallait pas songer à livrer bataille aux Tigrins, qui toujours refusaient le combat et se retiraient avec leur agilité habituelle.

Les fortes chaleurs qui commençaient à se faire sentir sur la côte, l'approche de la saison des pluies sur le haut plateau, la situation du pays dont toutes les ressources avaient été épuisées, imposaient d'ailleurs la retraite des troupes italiennes et le rapatriement de la majeure partie d'entre elles.

Le mouvement de repli s'effectua par échelon de division et commença dans la soirée du 18 mai. Le 23, tout le corps d'opérations était réuni à Barachit. Des ordres furent donnés pour la dislocation des différents commandements et pour le rapatriement des troupes.

Sur ces entrefaites, un lieutenant de Mangascia vint, à la suite de négociations précédemment entamées, apporter, de la part de son chef, l'autorisation pour deux compagnies du génie d'aller procéder, sur le champ de bataille d'Adoua, à l'ensevelissement des morts (1).

Pour assurer la sécurité de l'Érythrée pendant la saison d'été, on décida d'y maintenir, en plus des troupes coloniales, 3 bataillons, 2 batteries de montagne et une compagnie du génie, qui furent désignés par un tirage au sort (19e bataillon d'infanterie, 3e bataillon de bersagliers et 3e bataillon alpin, 4e et 6e batteries, 4e compagnie du génie).

Le retour à Massaouah des forces à rapatrier eut lieu par les trois routes Adi-Caié—Ua-a—Archiko, Saganeiti —Aidereso—Saati, Asmara—Ghinda—Saati. Le mouvement s'effectua par échelons de bataillon et fut réglé de manière que chaque unité en arrivant à Massaouah pût immédiatement s'embarquer.

Afin de dégager les lignes de retraite et de gagner du temps, les 4e et 5e régiments et deux bataillons du 6e régiment avaient été expédiés en Italie, entre le 11 et le 21 mai. Les paquebots de la Société Générale de Navigation continuèrent sans interruption, jusqu'à la fin du mois de juillet, les transports de rapatriement.

Depuis la délivrance d'Adigrat, la tranquillité la plus complète avait régné en Érythrée ; les Derviches, occupés

---

(1) La colonne chargée de ce soin se réunit le 26 à Barachit ; elle se mit en marche le 27 et était de retour à Adi-Quala le 7 juin.

par l'expédition anglaise de Dongola, s'étaient éloignés de Kassala, que protégeait d'ailleurs l'Atbara, rendu infranchissable par les pluies ; au Sud du Mareb et de la Belesa, les chefs du Tigré avaient définitivement désarmé ; l'armée du Négus était rentrée au Choa. Un décret royal, en date du 18 juin, avait en conséquence fait cesser l'état de guerre en Afrique, et le général Baldissera était parti en congé pour l'Italie.

La situation de la colonie italienne était redevenue, au point de vue territorial, ce qu'elle était sept ans auparavant ; mais elle se trouvait singulièrement aggravée par les succès de l'Empereur Ménélik, par la continuation officielle, sinon réelle des hostilités, qui n'avaient été terminées par aucun accord, et surtout par la captivité des 1300 Italiens (1) que le Négus ne paraissait pas disposé à restituer sans compensation.

Cette dernière question préoccupait au plus haut degré l'opinion publique et le Gouvernement en Italie ; dès le mois de juin, le major-médecin Nerazzini, qui connaissait bien l'Abyssinie, fut envoyé à Zeila, d'où il devait se rendre à Adis-Abeba, muni des instructions et des pouvoirs nécessaires pour conclure la paix avec le Négus et négocier la libération des prisonniers.

Vers la même époque étaient parties de Rome, pour le Choa, différentes missions. Celle de Mgr Macaire avait pour objet d'obtenir, avec l'appui moral du pape, la mise en liberté immédiate des Italiens ; arrivée la première à Adis-Abeba, elle échoua, et Mgr Macaire revint avec deux prisonniers seulement. On a attribué cet insuccès à diverses causes, et notamment au mécontentement

---

(1) Le gros des prisonniers italiens était arrivé dans les derniers jours de juillet à Adis-Abeba, résidence du Négus Ménélik, à proximité d'Antotto. Le plus grand nombre d'entre eux y fut interné ; le surplus fut réparti entre les différents chefs du Harrar, du Choa, du Godjam, de l'Amhara et des autres provinces de l'Empire d'Éthiopie.

SITUATION GÉNÉRALE DES FORCES ITALIENNES ET ABYSSINES A LA DATE DU 6 MARS 1896

qu'aurait causé au Négus la capture par l'escadre italienne d'un navire hollandais (1) porteur d'un chargement d'armes, supposé à destination du Choa.

Une caravane, organisée par les Dames romaines, pour porter des secours et des vêtements aux prisonniers, réussit dans son entreprise. Enfin, un détachement de la Croix-Rouge italienne s'embarqua pour Zeila, au commencement de septembre, avec un chargement de matériel sanitaire.

Les troupes laissées en Érythrée ne restèrent pas inactives ; conformément au nouveau plan de défense de la colonie, elles commencèrent à fortifier solidement la ligne du Mareb et de la Belesa et à construire les voies nécessaires pour assurer le ravitaillement de ces positions.

Au commencement d'octobre, le général Baldissera retourna à Massaouah avec deux nouveaux bataillons de chasseurs d'Afrique, destinés à faire partie des troupes coloniales, et une compagnie du génie. — Le 19e bataillon d'infanterie fut alors rapatrié, ainsi que les hommes de la classe du bataillon de bersagliers et du bataillon alpin qui furent remplacés par une relève.

Vers la fin du même mois, une seconde compagnie du génie fut envoyée en Érythrée pour participer, de concert avec les autres troupes de cette arme, aux travaux d'organisation et de défense. Le Gouvernement italien continua à faire transporter en Afrique du matériel d'artillerie, des tentes, des baraques, des fils télégraphiques, des approvisionnements d'armes, de munitions et de vivres en grandes quantités, de manière à pouvoir faire face à toute éventualité.

---

(1) Le *Dœlwyk*, battant pavillon hollandais, fut capturé le 8 août dans les eaux de la mer Rouge, à 11 milles de la côte de Massaouah, par le croiseur italien l'*Etna*.

Dans les premiers jours de novembre, la nouvelle de certains mouvements des ras Aloula et Mangascia, ainsi que de la réunion des forces choanes au camp de Boru-Mieda, causa en Italie de nouvelles alarmes. Cependant l'inquiétude générale fut bientôt calmée par l'arrivée, le 14 novembre à Rome, d'un télégramme de Ménélik au roi Humbert, expédié le 26 octobre d'Adis-Abeba, pour lui annoncer qu'un traité de paix avait été signé ce même jour. Une dépêche du major Nerazzini confirmait cet événement et ajoutait qu'une convention avait été conclue au sujet de la libération des prisonniers.

Le Dr Nerazzini était parvenu le 10 septembre à Harrar, où il avait été reçu par le ras Makonnen avec les plus grands honneurs. Le 6 octobre, il était arrivé à Adis-Abeba avec une escorte de 600 hommes armés que le Négus avait envoyée au-devant de lui. L'Empereur d'Éthiopie lui avait fait une réception magnifique et avait convoqué, pour assister aux négociations, les principaux chefs qui se trouvaient dans le voisinage de sa résidence.

Après vingt jours de pourparlers, le Négus et le représentant de l'Italie avaient signé les deux accords suivants :

TRAITÉ DE PAIX ENTRE LE ROYAUME D'ITALIE ET L'EMPIRE D'ÉTHIOPIE.

« Au nom de la Très Sainte-Trinité, S. M. Humbert Ier,
« Roi d'Italie, et S. M. Ménélik II, Empereur d'Éthiopie,
« désireux de mettre fin à la guerre et de faire revivre
« leur ancienne amitié, ont stipulé le traité suivant :
  « Pour conclure ce traité, Sa Majesté le Roi d'Italie a
« délégué, comme son envoyé plénipotentiaire, le major
« docteur César Nerazzini, chevalier des saints Maurice
« et Lazare, officier de la Couronne d'Italie.
  « Les pleins pouvoirs du major Nerazzini ayant été

« reconnus en bonne et due forme, Son Excellence le
« major Nerazzini, au nom de Sa Majesté le Roi d'Italie
« et Sa Majesté Ménélik II, Empereur d'Éthiopie et du
« pays Galla, en son propre nom, ont convenu et conclu
« les articles suivants :

« Article premier.

« L'état de guerre entre l'Italie et l'Éthiopie a pris fin
« définitivement. En conséquence, il y aura paix et amitié
« perpétuelles entre Sa Majesté le Roi d'Italie et Sa Ma-
« jesté l'Empereur d'Éthiopie, ainsi qu'entre leurs suc-
« cesseurs et sujets.

« Art. 2.

« Le traité conclu à Ucciali, le 25 miazia 1881 (corres-
« pondant au 2 mai 1889) est et demeure définitivement
« annulé, ainsi que ses annexes.

« Art. 3.

« L'Italie reconnaît l'indépendance absolue et sans
« réserve de l'Empire d'Éthiopie, comme État souverain
« et indépendant.

« Art. 4.

« Les deux Puissances contractantes, n'ayant pu se
« mettre d'accord sur la question de la frontière, et dési-
« reuses cependant de conclure la paix sans délai et
« d'assurer ainsi à leurs pays les bienfaits de la paix, il a
« a été convenu que, dans le délai d'un an à dater de ce
« jour, des délégués de confiance de Sa Majesté le Roi
« d'Italie et de Sa Majesté l'Empereur d'Éthiopie éta-
« bliront par une entente amicale les frontières défini-
« tives.

« Jusqu'à ce que ces frontières aient été ainsi fixées,
« les deux parties contractantes conviennent d'observer
« le *statu quo ante*, s'interdisant strictement de part et

« d'autre de dépasser la frontière provisoire, déterminée
« par le cours des rivières du Mareb, de la Belesa et de
« la Mouna.

« Art. 5.

« Jusqu'à ce que le Gouvernement italien et le Gou-
« vernement éthiopien aient, d'un commun accord, fixé
« leurs frontières définitives, le Gouvernement italien
« s'engage à ne faire des cessions quelconques de terri-
« toire à aucune autre puissance. Au cas où il voudrait
« abandonner de sa propre volonté une partie du terri-
« toire qu'il détient, il en ferait remise à l'Éthiopie.

« Art. 6.

« Dans le but de favoriser les rapports commerciaux
« et industriels entre l'Italie et l'Éthiopie, des accords
« ultérieurs pourront être conclus entre les deux Gou-
« vernements.

« Art. 7.

« Le présent traité sera porté à la connaissance des
« autres Puissances par les soins des deux Gouverne-
« ments contractants.

« Art. 8.

« Le présent traité devra être ratifié par le Gouverne-
« ment italien dans le délai de trois mois, à dater de ce
« jour.

« Art. 9.

« Le présent traité de paix, conclu en ce jour, sera
« écrit en amharique et en français, les deux textes abso-
« lument conformes, et fait en deux exemplaires signés
« des deux parties, dont l'un restera entre les mains de
« Sa Majesté le Roi d'Italie et l'autre entre les mains de
« Sa Majesté l'Empereur d'Éthiopie.
« Étant bien d'accord sur les termes de ce traité, Sa

« Majesté Ménélik II, Empereur d'Éthiopie, en son
« propre nom, et Son Excellence le major docteur César
« Nerazzini, au nom de Sa Majesté le Roi d'Italie, l'ont
« approuvé et revêtu de leurs sceaux.

« Fait à Adis-Abeba, le 17 Te-Kemt 1889 (correspon-
« dant au 26 octobre 1896).

« (L. S.) Major César Nerazzini,
« Ministre plénipotentiaire de S. M. le Roi d'Italie.

« Sceau de S. M. l'Empereur Ménélik. »

Convention relative à la reddition des prisonniers de guerre italiens.

« Au nom de la Très Sainte-Trinité !

« Entre Sa Majesté Ménélik II, Empereur d'Éthiopie
« et des pays Galla, et Son Excellence le major docteur
« César Nerazzini, envoyé plénipotentiaire de Sa Majesté
« Humbert Ier, Roi d'Italie, a été convenue et conclue la
« présente convention :

« Article premier.

« Comme conséquence du traité de paix entre le
« Royaume d'Italie et l'Empire d'Éthiopie, signé en ce
« jour, les prisonniers de guerre italiens retenus en
« Éthiopie sont déclarés libres. Sa Majesté l'Empereur
« d'Éthiopie s'engage à les réunir dans le plus bref
« délai possible et à les remettre à Harrar au plénipo-
« tentiaire italien, aussitôt que le traité de paix aura été
« ratifié.

« Art. 2.

« Pour faciliter le rapatriement de ces prisonniers de
« guerre et leur assurer tous les soins nécessaires, Sa
« Majesté l'Empereur d'Éthiopie autorise un détache-

« ment de la Croix-Rouge italienne à venir jusqu'à
« Gueldessa.

« Art. 3.

« Le plénipotentiaire de Sa Majesté le Roi d'Italie,
« ayant spontanément reconnu que les prisonniers étaient
« l'objet de la plus grande sollicitude de la part de Sa
« Majesté l'Empereur d'Éthiopie, constate que leur
« entretien a entraîné des dépenses considérables et que
« de ce fait le Gouvernement italien est redevable
« envers Sa Majesté des sommes correspondant à ces
« dépenses.

« Sa Majesté l'Empereur d'Éthiopie déclare s'en re-
« mettre à l'équité du Gouvernement italien pour l'in-
« demniser de ces sacrifices.

« En foi de quoi, Sa Majesté l'Empereur d'Éthiopie,
« en son propre nom, et Son Excellence le docteur César
« Nerazzini, au nom de Sa Majesté le Roi d'Italie, ont
« approuvé et revêtu de leurs sceaux la présente con-
« vention.

« Fait à Adis-Abeba, le 17 Te-Kemt 1889 (correspon-
« dant au 26 octobre 1896).

« (L. S.) Major César Nerazzini,

« Ministre plénipotentiaire de S. M. le Roi d'Italie.

« Sceau de S. M. l'Empereur d'Éthiopie. »

Le traité d'Adis-Abeba semble terminer le différend
qui, depuis 1891, avait occasionné, à propos de la question du protectorat et de la délimitation des frontières,
la rupture des relations entre le Gouvernement italien et
l'Empereur Ménélik.

L'indépendance de l'Empire d'Éthiopie est en effet
reconnue ; il ne reste plus qu'à fixer le tracé définitif de
la frontière, tracé au sujet duquel les délégués des

deux puissances ont un délai d'un an pour se mettre d'accord.

La restitution des prisonniers a reçu un commencement d'exécution par l'envoi à Rome d'un premier échelon de 215 soldats italiens (1). Elle paraît devoir s'opérer avec lenteur, par suite, dit-on, des difficultés que présente l'organisation des caravanes destinées au transport et au ravitaillement des prisonniers entre le Choa et le port de Zeila.

Quant aux intentions actuelles du Gouvernement italien au sujet de la colonie de l'Érythrée, elles se trouvent exposées dans l'extrait suivant de la lettre adressée, dans les premiers jours de mars, aux électeurs italiens, par le marquis di Rudini, Président du Conseil :

« Sans la paix récemment conclue avec l'Abyssinie, « nous aurions dû, cette année, tenir tête aux Der- « viches, tout en continuant la lutte contre le Négus. « Trop grave aurait été la responsabilité de s'engager « dans une pareille guerre qui, pour une seule expédi- « tion, aurait exigé au moins deux corps d'armée et deux « cents millions.

« Maintenant nous devons songer à l'avenir; mais il « ne sera pas facile d'arriver immédiatement à une situa- « tion propre à satisfaire nos véritables intérêts. Cepen- « dant, libres de toute préoccupation, nous pouvons « choisir la route qu'il nous convient le plus de suivre.

« Nos traités avec l'Abyssinie sont clairs et entièrement « connus du public. Le pays en sait par suite autant « que le Gouvernement; quant à la prochaine délimita-

---

(1) Le premier échelon de prisonniers est arrivé en Italie le 1er janvier 1897. Un deuxième, composé de 96 Italiens, vient de débarquer à Naples le 5 avril. D'autres groupes sont en mer ou font route vers la côte (8 avril 1897).

« tion des frontières, elle ne peut donner lieu à des
« contestations susceptibles de devenir un prétexte de
« guerre.

« Les dangers les plus imminents étant écartés, j'en-
« tends dire autour de moi : *quieta non movere*. L'inertie
« cependant est impossible parce que, dans une colonie
« organisée militairement, comme la nôtre, il peut y
« avoir une trêve, mais non une paix profonde et durable ;
« l'esprit public se trouve donc maintenu, par la force
« même des choses, dans une agitation continuelle qui
« a sa répercussion sur nos finances, sur notre crédit,
« sur notre politique intérieure et extérieure.

« L'entreprise africaine, pour laquelle nous avons dé-
« pensé de 400 à 500 millions et perdu environ 8,000 sol-
« dats qui ont donné le plus noble exemple d'héroïsme
« et de courage, ne nous a procuré, à part la consécra-
« tion de notre influence dans la mer Rouge, que décep-
« tions, sacrifices et douleurs ; il faut ajouter qu'elle a
« plongé dans les larmes un très grand nombre de
« familles.

« On croyait pouvoir fonder là-bas *une colonie de
« peuplement* où nos émigrés auraient pu travailler et
« vivre sous la protection de nos lois et de notre dra-
« peau ; mais ce but n'a pas été atteint dans le passé par
« suite des conditions défavorables de la nature et du
« climat, ainsi que du mauvais choix des centres de
« colonisation ; jamais, d'ailleurs, on ne pourra l'at-
« teindre dans l'avenir.

« Ainsi donc, et c'est pénible à dire, nous avons amoin-
« dri notre puissance militaire en Europe et endommagé
« nos finances ; et la guerre, toujours latente en Érythrée,
« épuise les ressources de notre Trésor public et nous
« enlève l'élite de nos soldats.

« Deux solutions différentes de la question africaine
« ont été envisagées par l'opinion publique : la guerre
« à outrance pour arriver à une paix durable ; l'abandon

« complet de l'Afrique pour retrouver la paix que nous
« avons perdue.

« Cependant, ces deux partis extrêmes sont également
« inacceptables. En admettant que la soumission totale
« de l'Abyssinie soit une garantie absolue de paix, il est
« certain que pour l'obtenir, il nous faudrait faire un tel
« effort, qu'aucune grande puissance ne serait en état de
« le supporter.

« On ne peut par suite discuter cette solution, surtout
« si l'on remarque que, pour maintenir sous sa dépen-
« dance un pays aussi vaste, inhospitalier et lointain,
« l'Italie verrait diminuer en Europe sa situation de
« grande puissance, parce qu'elle serait amenée à épui-
« ser pour une pareille entreprise, la plus grande
« partie de ses forces et de ses richesses.

« D'un autre côté, l'abandon complet de l'Érythrée, y
« compris les stations maritimes d'Assab et de Mas-
« saouah, que personne ne nous conteste et que l'on peut
« facilement défendre, constituerait de notre part un
« renoncement à toute influence dans la mer Rouge, fruit
« unique, bien que modeste, des sacrifices faits jusqu'à
« présent.

« Qu'on reste donc, mais en se rappelant que politique
« africaine signifie politique d'intérêt, et en restreignant
« par suite, l'occupation militaire à des limites compa-
« tibles avec la force d'une petite armée coloniale dont
« on exclurait toute troupe provenant du contingent (1).

---

(1) Le Gouvernement italien vient de faire rentrer la plus grande partie des renforts qui étaient restés en Érythrée après le rapatriement du corps expéditionnaire. Le bataillon de bersagliers (3ᵉ), le bataillon alpin (3ᵉ) et une batterie de montagne se sont embarqués le 2 avril à Massaouah, pour retourner en Italie. Le matériel de batterie a été conservé dans ce port. Les dernières troupes de renforts, qui se trouvent dans la colonie et y sont d'ailleurs maintenues provisoirement, se composent d'une batterie de montagne et de trois compagnies du génie (la compagnie n° 4, laissée au moment du rapatriement, et deux autres compagnies

« Les armées modernes sont en réalité constituées pour la défense du territoire et de l'indépendance nationale. Il est douteux qu'au point de vue du droit public, il soit licite de les employer dans les entreprises coloniales; d'autre part, au point de vue politique et militaire, il est certain que les troupes de la levée ne peuvent être distraites de leur mission, sans désorganiser l'armée.

« On ne peut s'exposer à voir la turbulence de quelque ras tigrin entraîner de temps à autre le rappel de classes en congé, et porter ainsi le trouble dans les intérêts particuliers et dans les familles, en compromettant l'équilibre du budget et en faisant courir des dangers au crédit de l'État.

« Le secret pour réussir dans les entreprises coloniales est dans le *festina lente*. Il faut, par suite, déployer cette persévérance qui exige un effort continu, mais toujours proportionné à la puissance financière et militaire de la mère patrie. L'armée coloniale doit être l'expression visible de ce rapport.

---

envoyées postérieurement en Afrique); ces unités du génie doivent être rappelées dès que les routes et fortifications en cours d'exécution seront terminées.

La nouvelle composition des troupes coloniales de l'Érythrée sera, par suite, la suivante :

Italiens :

1 compagnie de carabiniers;
3 bataillons de chasseurs d'Afrique;
1 compagnie de canonniers (mixte);
1 compagnie du train (mixte);
1re compagnie du génie;
2e compagnie du génie.

Indigènes :

7 bataillons d'infanterie;
1 escadron de cavalerie;
1 batterie d'artillerie de montagne.

« Je ne puis ni ne dois, aujourd'hui, préciser les
« limites de notre occupation militaire ; toutefois, il est
« évident qu'en la maintenant dans sa situation actuelle,
« nous n'assurerions pas la paix, nous n'éviterions pas
« la guerre ; chaque année, nous inscririons un crédit de
« 20 millions à notre budget, et, en réalité, nous en
« dépenserions 50.

« Si nous ne pouvions rester en Afrique qu'à la condi-
« tion de conserver le *statu quo*, alors, mais alors seule-
« ment, il faudrait choisir entre la guerre à outrance et
« l'abandon complet.

« Restreindre l'occupation militaire ne veut pas dire
« qu'on doive renoncer aux territoires acquis. Il n'est
« ni nécessaire ni utile de les tenir seulement par les
« armes. Notre œuvre, là-bas, pour être avantageuse à
« la mère patrie, doit répandre la civilisation par les
« moyens politiques et les influences pacifiques du com-
« merce ; pour atteindre ce but, il faut, avant tout,
« substituer au régime militaire actuel un gouvernement
« essentiellement civil.

« Les grands États d'Europe qui exercent une souve-
« raineté dans les régions intérieures de l'Afrique, ne les
« occupent pas toujours militairement et n'y organisent
« une administration spéciale et directe que lorsqu'ils
« peuvent en tirer une utilité immédiate et certaine.
« Quand la guerre est nécessaire, ils règlent leur con-
« duite d'après leur situation politique intérieure et exté-
« rieure, et d'après l'état de leurs finances ; ils obéissent
« à leur propre intérêt, sans se laisser aller aux empor-
« tements d'un orgueil néfaste. Ils savent temporiser et
« oser à propos. Ce qui leur importe le plus, c'est d'écar-
« ter l'intervention des autres puissances civilisées, et
« ils y arrivent, en se servant de ces formules que l'on
« appelle *zones d'influence* et *hinterland*.

« Une décision conforme aux véritables intérêts de la
« patrie est nécessaire ; mais il est à désirer qu'elle soit

« précédée de la délimitation de frontière convenue avec
« l'Abyssinie, afin de rendre complet et précis notre
« droit de souveraineté. Il est également désirable que,
« tout en tenant compte des justes égards que l'on se
« doit entre nations, notre situation à Kassala soit
« définie.

« Kassala n'est pas à nous : cette ville fut occupée,
« transitoirement, pour des raisons sérieuses intéressant
« notre sécurité en Afrique, et nous devons, d'après les
« conventions en vigueur, la restituer le jour où l'auto-
« rité de l'Égypte sera rétablie dans ces régions.

« Cette possession temporaire n'a servi et ne sert ni à
« la défense ni au commerce de notre colonie. Elle nous
« a éloignés de notre base d'opérations, la mer, sans
« empêcher, plus que par le passé, les incursions des
« Derviches jusqu'à Agordat ; notre commerce n'y a rien
« gagné, et les dépenses ont augmenté avec les dangers.

« Mes paroles sembleront amères à ceux qui, dans
« leurs illusions, ont conçu de vastes desseins ; elles
« peineront ceux qui, avec impatience, aspirent à la
« revanche ; mais c'est un préjugé dangereux de croire
« que les questions coloniales doivent être envisagées
« seulement au point de vue de l'amour-propre ; elles
« sont si complexes, que ce serait folie de ne les consi-
« dérer que sous une seule face.

« L'Italie ne doit pas ignorer qu'en persistant dans une
« politique condamnée par l'expérience, elle pourrait
« encore obtenir d'éphémères succès ; mais, comme par
« le passé, ces succès ne dureraient pas plus que des
« feux follets, qui disparaissent dès qu'on les aperçoit.
« En persévérant dans la même politique, nous éprou-
« verons les mêmes désillusions, les mêmes désenchan-
« tements et, peut-être, des amertumes plus grandes
« encore.

« S'obstiner à rester, dans les conditions présentes,
« sur le haut plateau abyssin, sans aucun intérêt éco-

« nomique, serait substituer à l'œuvre de la civilisation
« l'effort violent d'une stérile conquête.

« Le moment est venu de donner à la question afri-
« caine qui, depuis treize ans, se traîne au milieu des
« incertitudes et des contradictions, une orientation nou-
« velle et bien déterminée.

« Déliés de tout engagement, maîtres de nos volontés,
« libres de nos choix, nous pourrons, au moment et de
« la manière qui nous conviendra, arriver graduelle-
« ment à la solution que nous conseillera le véritable
« intérêt de notre pays. »

Mars 1897.

TABLE DES MATIÈRES

	Pages.
I. — **Origines de la colonie**.....................	1
Acquisition d'Assab.........................	2
Occupation de Massaouah.....................	5
Premiers rapports des Italiens avec le Négus d'Abyssinie....................................	10
Surprise de Dogali...........................	13
Expédition du général San Marzano. — Le Négus Johannès devant Saati.......................	17
Affaire de Saganeiti. — Annexion de Keren.........	22
Mort du Négus Johannès. — Relations des Italiens avec Ménélik, roi du Choa........................	24
II. — **Les Traités italo-éthiopiens**.................	31
Traité d'Ucciali.............................	31
Occupation de Keren et d'Asmara................	37
Nouvelle expansion de la colonie. — Convention additionnelle................................	39
Reconnaissance sur Adoua. — Occupation d'Agordat..	44
Démêlés de l'Italie avec Ménélik à propos de la question des frontières et du protectorat..............	47
III. — **Occupation de Kassala et du Tigré**.............	55
Entrevue du Mareb. — Le général Baratieri, gouverneur de l'Érythrée. — Bataille d'Agordat.........	56
Prise de Kassala. — Reconnaissance de Meluia.......	59
Révolte de Bath Agos.........................	63
Préparatifs d'une expédition contre Mangascia........	66
Batailles de Coatit et de Senafé..................	68
Occupation d'Adigrat, de Makallé et d'Adoua. — Poursuite de Mangascia........................	73
Arrivée des premiers renforts envoyés par le Négus au ras Mangascia. — Engagement de Debra-Aila......	78

Opérations des Italiens au Sud de Makallé. — Réunion
de l'armée choane près du lac Ascianghi.......... 82
Combat d'Amba-Alagi........................... 86
Combat d'Adera. — Concentration des forces italiennes
à Adigrat..................................... 92

IV. — Campagne contre Ménélik....... 97

Siège de Makallé................................. 99
Intentions du général Baratieri.................... 107
Envoi de renforts en Érythrée.................... 111
Marche de l'armée du Négus vers l'Entiscio. — Dépla-
cements du camp italien...................... 117
Défection des bandes indigènes du ras Sebath et du
dégiac Agos Tafari. — Affaires de Seeta et d'Alequa. 125
Les armées italiennes et choanes continuent à s'observer.
— Nouvel envoi de renforts.................... 128

V. — Bataille d'Adoua................................ 135

Répartition des troupes italiennes dans la soirée du
29 février. — Ordre de mouvement pour la journée
du 1er mars.................................... 137
Composition des colonnes........................ 141
Marche d'approche vers les cols de Rebbi-Arienne et
de Chidane-Meret............................. 143
Combat de la brigade Albertone................... 145
Combat des brigades Arimondi et Ellena........... 149
Combat de la brigade Dabormida................. 158
Retraite du convoi sur Adi-Caié................... 164

VI. — Dernières opérations militaires................. 166

Situation des forces italiennes en Érythrée après la
bataille d'Adoua.............................. 167
Mesures prises par le général Baldissera. — Retraite de
l'armée abyssine............................. 170
Opérations contre les Derviches. — Investissement de
Kassala 176
Envoi d'une colonne de secours. — Combat du mont
Mokram 179
Combat de Tukruf................................ 183
Dispositions adoptées en vue de délivrer Adigrat. —
Organisation du corps d'opérations. — Préparation
de la marche.................................. 185

TABLE DES MATIÈRES. 217

	Pages.
Exécution du mouvement sur Adigrat	191
Rapatriement des troupes italiennes de renfort. — Situation de la colonie jusqu'à la conclusion de la paix	198
Traité d'Adis-Abeba	202
Convention relative à la reddition des prisonniers de de guerre italiens	205

CARTES

Abyssinie et régions limitrophes	1
Érythrée et Tigré	55
Érythrée septentrionale (région comprise entre Massaouah et Kassala)	59
Amba-Alagi	87
Agamé	97
Makallé	101
Bataille d'Adoua	135
Combat des brigades Arimondi et Ellena	151
Combats du mont Mokram et de Tukruf	183
Situation générale des forces italiennes et abyssines à la date du 6 mars 1896	204

A LA MÊME LIBRAIRIE

Les tendances actuelles de l'armée allemande (Infanterie — Cavalerie — Artillerie). Paris, 1897, 1 vol. in-8 avec planche et croquis. 5 fr.

La guerre franco-allemande de 1870-71. Histoire politique, diplomatique et militaire; par A. **Wachter**. Édition remaniée et augmentée. — Tome Ier : *De la déclaration de guerre à la chute de l'empire;* — Tome II et dernier : *De la chute de l'empire à la capitulation de Paris.* Paris, 1895, 2 forts vol. gr. in-8...................... 15 fr.
   Atlas composé de 10 cartes grand format tirées en plusieurs couleurs. 6 fr.

Guerre franco-allemande (1870-71). Résumé et commentaires de l'ouvrage du grand état-major prussien, par Félix **Bonnet**, chef d'escadron d'artillerie. Paris, 1883-1886, 3 vol. in-8, avec 14 planches............... 22 fr. 50

Guerre d'Orient 1877-78. — **Défense de Plevna**, d'après les documents officiels et privés réunis sous la direction du Muchir **Ghazi Osman** pacha, par le général de division **Mouzaffer** pacha, aide de camp de S. M. I. le sultan, et le lieutenant-colonel **Talaat** bey, aide de camp du Muchir Ghazi Osman pacha. Paris, 1889, 1 vol. in-8, avec atlas de 10 planches en couleurs........ 15 fr.

Histoire de la guerre du Pacifique (1879-1880); par M. Diégo **Barros Arana**. Paris, 1881, 2 vol. in-8, avec cartes et plans de combat....... 9 fr.

La guerre sino-japonaise (1894-1895); par le lieutenant **Sauvage**, du 43e régiment d'infanterie. Paris, 1897, 1 vol. in-8, avec atlas in-folio, comprenant 7 cartes et plans tirés en cinq couleurs...................... 10 fr.

Sinicœ res. — **La guerre du Japon contre la Chine** et ses conséquences éventuelles. Paris, 1895, broch. in-8, avec 2 croquis.............. 2 fr.

Histoire de la campagne de Madagascar (1895) pour les soldats; par **un soldat**. Paris, 1896, broch. in-12........................ 75 c.

Une colonne dans le Soudan français (1886-1887); par le lieutenant-colonel **Gallieni**, de l'infanterie de marine. Paris, 1888, broch. in-8, avec croquis.. 1 fr. 25

Campagne des Anglais au Soudan (1884-1885); par le commandant **Palat**. Paris, 1894, in-8, avec croquis........................ 3 fr.

Voies de communication en Afrique; par **un Officier du génie**. Paris, 1896, broch. in-8.. 50 c.

Un détail des expéditions coloniales. Le service du train dans les campagnes des Anglais en Abyssinie (1867-1868); par le commandant E. **Taverna**. Paris, 1897, broch. in-8, avec 2 croquis et 2 figures.......... 2 fr.

Paris. — Imprimerie L. BAUDOIN, 2, rue Christine.

www.ingramcontent.com/pod-product-compliance
Lightning Source LLC
Chambersburg PA
CBHW070657170426
43200CB00010B/2279